REMERCIEMENTS

Le vin suscite la gratitude. J'en ai beaucoup à l'égard de ceux qui m'ont aidé à le découvrir. Parmi ceux-là, je citerai tout d'abord Jacques Puisais, puis mes amis de *L'Amateur de bordeaux* : d'abord (chronologiquement) Michel et Catherine Guillard, Alexandre Guillard (sans qui la rencontre n'aurait pas eu lieu), Jean-Paul Kauffmann, puis Nicholas Faith, David Cobbold et tous les autres. Un salut amical à Georges Bardawil. Un autre à Édouard Zarifian, Patrick MacLeod, Bénédict Beaugé, Alain Leygnier, Denis Dubourdieu, Myriam Huet. Un autre encore à Saadi Lahlou, pour les belles bouteilles et les brillantes idées que, continuellement, il extrait respectivement de sa cave et de son cerveau fertile.

Mais trop de vin conduit à l'oubli, donc à l'ingratitude : je demande à ceux que j'ai oubliés de me pardonner. À m'avoir trop abreuvé, sans doute, ils subissent aujourd'hui cet outrage immérité...

À la mémoire de mon père.

Comment passer pour un connaisseur sans vraiment prendre de risques…

Comment asseoir à peu de risques une réputation de connaisseur dans les dîners ? Avant tout, dire du mal du beaujolais (ce qui n'a jamais empêché personne d'en boire). Le vin servi (ouf, ce n'est pas du beaujolais), saisir le verre par la jambe ou mieux, le pied (très « pro », mais acrobatique). Examiner la « robe » du vin en transparence. Humer longuement et méditativement. Très efficace mais risqué : faire tourner le vin dans le verre pour en exhaler les arômes (écarter le coude). Garder le vin en bouche, compter jusqu'à sept, puis lever le sourcil gauche d'un air à la fois entendu et approbateur, ce qui peut tenir lieu de commentaire. S'il le faut, marmonner une patenôtre de « fruits rouges », « arômes de sous-bois », « bon équilibre ». Éviter d'évoquer la « jambe » ou la « cuisse » : c'est très dépassé. Et pour finir, ne pas oublier de dire du mal du beaujolais.

Préface

LE VIN DE TABLE ET LE VIN DE CAVE

Il y a deux vins en France. L'un est en voie de disparition : c'est le litron étoilé, le vin « à la tireuse » ou le vin de marque – ces marques qui parlent aux souvenirs des *baby-boomers* et autres soixante-huitards : Postillon, Préfontaines, Vin des Rochers (le « velours de l'estomac »)... C'est le vin que l'on disposait sur la table familiale, au même titre que le pain, le sel et le couvert. Il descend en droite ligne du « vin-aliment » de la deuxième moitié du XIXe siècle, époque à laquelle les ouvriers des villes commencèrent à consommer du vin quotidiennement et à le mettre sur le même plan que le pain parmi les aliments permettant de reproduire la force de travail. Appelons-le le vin de table.

L'autre, celui dont la fortune est en pleine ascension, c'est le vin d'origine, ennobli de sigles et de sceaux impénétrables (AOC, VDQS, au minimum Vin de Pays). Celui-là a toujours un pedigree, une histoire, un terroir. Mais sa présence sur la table familiale, aujourd'hui, n'est ni certaine, ni nécessaire, ni quotidienne : elle n'est indispensable qu'en présence d'hôtes ou dans des circonstances sortant quelque peu de l'ordinaire. À la différence du premier, qui se boit sans commentaires, il se goûte, ou plutôt il se déguste et se parle. On le recherche, on le conserve, on le gère, bref : on le collectionne. Il descend en droite ligne du vin de l'aristocratie et du clergé, largement embourgeoisé au XIXe siècle, époque où « toute personne qui prétend à la notoriété bourgeoise se doit d'avoir sinon sa vigne, au moins sa cave [1] ». Appelons-le donc le vin de cave.

L'eau et le vin

Ironie des temps : le déclin du vin de table au bénéfice du vin de cave est en dernier ressort étroitement associé au destin paradoxal de l'eau dans la culture en général, française en particulier. Si le litre étoilé en est à ce point de déclin, c'est en effet aussi que l'on ne met plus guère de

1. Didier Nourrisson, *Le Buveur du XIXe siècle,* Paris, Albin Michel, 1990.

vin dans l'eau des enfants. L'apprentissage, la familiarisation, l'initiation ne s'opèrent plus de la même manière. L'eau est désormais minérale et trône souvent seule sur la table familiale. Car les Français sont devenus des buveurs d'eau : ils figurent parmi les plus grands consommateurs d'eau en bouteille de la planète – comme d'ailleurs d'autres peuples traditionnellement buveurs de vin, tels les Italiens.

L'eau, en fin de compte, nous permet de tracer un portrait pour ainsi dire en creux du vin. Et le couple vin-eau nous permet de saisir une évolution profonde dans le rapport de notre culture au corps, à sa santé et à la façon de le nourrir. Au XIXe siècle, nous l'a-t-on assez répété, Pasteur a soutenu que le vin était « la plus saine et la plus hygiénique des boissons ». Cette réputation n'a pas été remise en cause aujourd'hui : elle a simplement évolué. La doctrine médicale du jour tient en effet que le vin est, en quantité modérée, garant de santé cardio-vasculaire. Ce qui a le plus spectaculairement changé, c'est le statut et l'image de l'eau : jusque très avant dans le XXe siècle, elle était un liquide ambigu et souvent chargé de menaces.

Tout d'abord, elle possédait une dimension surnaturelle, à la fois miraculeuse et potentiellement périlleuse, bénite et maudite : les sources jaillissaient sous les pas des sorciers païens ou des saints chrétiens. Elles guérissaient les maux les plus terribles, apportaient la vie et la prospérité. Cette dimension s'est en somme laïcisée et perpétuée à travers le thermalisme puis l'eau minérale.

Mais l'eau était aussi porteuse de malédictions et de maux divers et, à ce titre, objet de méfiance. Paolo Sorcinelli, dans son *Histoire sociale de l'eau* [1], résume la perception qu'on en avait jusqu'à la fin du XIXe siècle par une formule italienne lapidaire : *l'acqua fa male*.

Dans la « société d'Ancien Régime », dit Sorcinelli après d'autres historiens, et jusqu'à la fin du XIXe siècle, plane une méfiance profonde contre l'eau. On en use parcimonieusement, que ce soit comme boisson ou en usage externe. On lui attribue des effets au mieux émollients, au pire dangereux. Les puits ont la réputation d'être volontiers empoisonnés, surtout en période de crise et de guerre. Les plaies et les fléaux les plus divers sont obscurément associés à l'eau. Il apparaîtra de plus en plus clairement,

1. Paolo Sorcinelli, *Storia sociale dell'acqua. Riti e culture*, Milano, Bruno Mondadori, 1998.

avec le développement de la médecine et les progrès dans la compréhension des maladies infectieuses, qu'elle est bien pour quelque chose dans les diarrhées qui emportent les nouveau-nés et les enfants, dans le choléra et beaucoup d'autres pathologies épidémiques ou non. Mais avant même les progrès de la médecine pasteurienne, on pense obscurément que quiconque fait un usage trop fréquent et abondant de l'eau, oral ou corporel, finit plus ou moins par tomber malade. Des auteurs déconseillent explicitement d'utiliser l'eau pure. Ainsi ce texte italien de 1856 :

La boisson dont on devra d'ordinaire user pour les repas sera de l'eau mêlée de vin. [...] L'eau pure ne convient pas pour la boisson [...] car elle est trop peu stimulante, elle confère trop de mollesse et de relâchement au corps et favorise trop les sueurs. [...] D'autre part, le vin uni à une quantité plus ou moins grande d'eau, outre qu'il étanche mieux la soif, aide d'autant mieux à l'absorption dans l'estomac du bol alimentaire[1].

C'est que le vin, de siècle en siècle, est présenté comme riche de vertus innombrables.

---

1. *Sull'uso ed abuso dei bagni di mare. Guida ai bagnanti di Domenico Cervesi in Cattolica*, Bologna, 1856. Cité par Sorcinelli, *op. cit.*

Dans la médecine humorale, hippocratico-galénique, qui règne en Europe pendant des siècles, en particulier dans l'Europe méditerranéenne vinicole, le vin élimine les humeurs mauvaises chez les adultes et les vers chez les enfants. Sorcinelli cite des chapelets de proverbes et de dictons italiens clamant ses vertus, liant bon vin et bon sang : le vin est « le lait des vieux », le « sang de l'homme », « le vin allonge la vie, l'eau raccourcit les années », « l'eau fait mal, le vin fait chanter »...

On comprend dès lors que l'eau forme avec le vin un couple symboliquement antithétique et médicalement complémentaire. Elle fait du mal et elle fait du bien ; le vin, lui, fait du bien comme boisson pasteurienne et du mal en tant qu'alcool-assommoir à la Zola. Le vin assainit l'eau, la purifie ou lui donne de la vitalité ; l'eau allonge le vin, le désamorce. Lorsque la médecine pasteurienne s'installe, que les microbes remplacent les humeurs néfastes dans la représentation de la santé et de la maladie, le vin garde sa place ; mais ses fonctions humorales sont transformées en effets antiseptiques et vertus nutritionnelles... Au vin-médecine, dont Montaigne s'était fait le chantre à propos du clairet de Bordeaux, succède à la fin du

XIXe siècle le vin-aliment. C'est ce vin-aliment qui devient le vin de table et cède aujourd'hui la place au vin de cave lequel, au passage, ne néglige pas de draper à nouveau ses épaules de quelques oripeaux médicinaux.

L'eau rougie

J'ai donc rencontré le vin de table assez tôt : en France, dans ma génération et d'autres avant la mienne, tout commençait bien par quelques gouttes de vin qui rougissaient l'eau dans le verre. Les étapes de la croissance, les stades de la maturation et le passage à l'âge adulte étaient marqués par la concentration croissante du vin dans l'eau. Devenu grand, il m'a paru tout naturel, faute de pouvoir concentrer encore davantage mon vin, de me concentrer à mon tour sur lui. Mais il avait changé d'identité entre-temps : c'était désormais le vin de cave.

Quand j'ai eu treize ou quatorze ans, mon père m'a chargé de « m'occuper de la cave ». Il s'agissait d'ouvrir les caisses de vin, de ranger les bouteilles dans les casiers, de tenir un inventaire approximatif des stocks et des consommations. J'ai compris plus tard qu'il s'agissait en fait d'une mission bien plus importante : suppléer ou compléter la connaissance paternelle du vin et me former pour incarner un jour, dans la famille, une compétence en ce domaine, à usage interne mais aussi externe. À cette charge s'associait bien sûr un privilège considérable : goûter. Je le dis aujourd'hui avec un mélange de fierté et de regret : j'en profitai mais n'en abusai point. Peut-être aurais-je dû davantage me laisser aller, car il me reste encore de vieilles bouteilles qui, depuis longtemps, auraient dû être bues. Mais je partageais la croyance naïve que le temps bonifie *nécessairement* le vin, sans limitation de durée. Dès lors tout vin non bu était riche de promesses pour l'avenir. Je veillais sur la cave comme un cerbère jaloux, protégeant hargneusement toute bouteille réputée précieuse contre des appétits jugés sacrilèges et irresponsables. C'est ainsi que, pendant des années, on ne but guère dans la maisonnée que des vins de deuxième ordre, sauf avis paternel exprès.

La responsabilité ainsi conférée eut un effet : elle m'emplit de l'idée que dans la cave reposait non seulement de la matière – un liquide d'une infinie et riche complexité – mais encore, tout à la fois, de la connaissance et du mystère, donc de la découverte potentielle. Je mesurai vite mon ignorance au regard des secrets contenus dans ces bouteilles poussiéreuses. Comme beaucoup, j'ai senti à la fois l'attrait et l'intimidation qu'exerce le vin : c'est de ces deux forces contradictoires et complémentaires que naît, sans doute, la vocation d'amateur. Le vin (de cave) est initiatique : il se refuse pour mieux s'offrir à qui cherche à le mériter.

Amateur invétéré

Dans les stéréotypes sociaux du temps, la figure prestigieuse, celle qu'il semblerait à première vue souhaitable d'incarner, c'est celle du *connaisseur*. Ce qui définit le connaisseur, c'est la possession de secrets impénétrables aux profanes. Son savoir est proprement ésotérique et initiatique, au sens où il semble que, sans l'accompagnement d'un maître, le novice ne serait pas en mesure d'y accéder par lui-même, en dépit de sa volonté. Tout concourt à suggérer que l'initié perçoit ce que nous ne percevons pas et que nous ne percevrons jamais sans son aide bienveillante. Ce n'est pas seulement qu'il « sait les mots », qu'il parle la langue des « sachants » : il sent ce que nous ne saurions sentir, il goûte ce que nous ne goûterions jamais. Le connaisseur, en somme, aurait du vin une expérience unique, profonde et inapprochable ; il connaîtrait le vin pour ainsi dire bibliquement... D'où, peut-être, l'agressivité – la jalousie ? – latente que l'on sent parfois monter contre lui, dissimulée sous les marques du respect et de la déférence : certains profanes retiennent à peine des ricanements sous cape lorsqu'il déguste et discourt, qu'il parle d'arômes de violette ou d'entrailles de lièvre...

Assez vite, je me suis senti une vocation d'amateur plutôt que de connaisseur. Peut-être était-ce par paresse : acquérir tout ce savoir, emmagasiner les noms et les millésimes, les appellations et les cépages me paraît toujours une entreprise un peu vaine et épuisante. Peut-être était-ce par lâcheté : le connaisseur est sans cesse mis à l'épreuve ; on lui tend des pièges ; on s'attend à le voir reconnaître à l'aveugle les vins les plus rares ou exotiques. J'ai d'ailleurs observé très vite que les plus grandes autorités du vin, à quelques exceptions près, évitent systématiquement d'être mises dans de telles situations : « je ne fais pas de numéro de cirque », dit volontiers un grand œnologue qui, par ailleurs, est un chantre talentueux des arômes et des saveurs. Peut-être était-ce aussi, à la fois, une sorte de gêne et de distance critique : il me semblait inconfortable et un peu honteux d'assumer ce rôle parfois pédant et péremptoire. Je trouvais plus amusant, plus stimulant, de décortiquer le discours des grands dégustateurs-communicateurs, de le démonter comme un militaire une pétoire, de le remonter en le pastichant éventuellement quitte, en fin de compte, à parfois me prendre au jeu, à reprendre à mon compte ce discours reconstruit, oubliant un instant toute distance…

Un jour, il y a longtemps, je dus remplacer au pied levé pour commenter l'accord des mets et des vins un authentique Homère du discours vineux qui avait oublié qu'il avait deux engagements le même soir. Tout juste avais-je eu quelques minutes pour lui faire dire ce qu'il avait voulu montrer ou illustrer à travers son choix de vins (de Loire) et de plats. Le parterre était constitué des plus hautes autorités politiques régionales, dont un ancien ministre fameux pour son ascétisme et sa rigidité. L'occasion était solennelle. Le trac me tenait les entrailles et je me demandais ce qui avait bien pu me pousser à accepter une telle épreuve, d'autant que je ne savais qu'une chose sur les vins de Loire : c'était que j'en ignorais l'essentiel. Une fois lancé, je m'aperçus que je pastichais un discours d'architecte plus que d'œnophile. J'avais commencé par quelques commentaires sur la robe, le nez, les arômes du vin, sur les ingrédients du plat et j'enchaînai sur les rapports d'équilibre, de symétrie qui les unissaient ou les opposaient. Je parlai de volumes et de formes, d'ampleur et de contraste. J'évoquai la Renaissance, les jardins à la française et les potagers de Villandry. Après l'architecture, j'enchaînai sur la musique (harmonie, rythme, assonances et dissonances, graves et aigus). Je me rassis, un peu essoufflé, pris le temps de déguster ce qu'il me restait de vin dans mon verre et fus pris d'une sueur glacée en mesurant soudain l'écart entre le liquide et mes propos fleuris. Le chef de cabinet du grand politique local (lequel, comme son rang l'exigeait sans doute, s'esquivait discrètement au dessert) me souffla quelque chose à l'oreille : ce soir, me disait-il, il pensait que j'avais « fait découvrir quelque chose au grand homme »...

Amateur, donc, plutôt que connaisseur. L'amateur, c'est bien sûr le contraire du professionnel et, en ce sens, dans notre culture de plus en plus imprégnée de valeurs empruntées à la sphère managériale et technique, l'amateurisme est une grave accusation. Mais l'amateur est aussi et surtout, étymologiquement, celui qui aime. L'amateur aime et veut donc découvrir, savourer, savoir toujours davantage de l'objet de son amour. Nul professionnalisme dans ce désir d'apprendre et de connaître (encore que certains professionnels soient, heureusement, restés de vrais amateurs au fond d'eux-mêmes). Il s'agit d'une passion dénuée de tout enjeu économique, hédonique et en somme désintéressée.

C'est donc en amateur que, en 1991, j'ai rencontré Michel Guillard, Jean-Paul Kauffmann et l'équipe de *l'Amateur de Bordeaux*. D'abord, je n'ai pas eu à écrire directement sur le vin : j'ai pris plaisir à, littéralement, tourner autour. Peut-être était-ce encore l'effet de l'intimidation ; c'était en tout cas le souhait de la rédaction, qui voulait que j'intervienne « en sociologue » ou ce qu'elle imaginait sous cette étiquette et qui était bien dans le style de la revue. Le « style de la revue », c'était de parler du vin mais aussi de l'univers au centre duquel il se trouve – les hommes, l'architecture, le paysage, l'histoire, les échanges et les marchés, les croyances, etc. J'ai donc écrit sur les étiquettes et les noms, sur les châteaux réels ou imaginaires et les terres, sur les marques (de champagne), sur les mythologies et les usages du vin, sur les croyances qui l'entourent, sur ses rapports avec la santé et la médecine et même… sur l'eau (minérale) qui est, on l'a vu, liée à lui de façon aussi indissoluble que la terre au ciel ou la nuit au jour (l'œnologue Jacques Puisais dit que, face à l'eau minérale, le vin n'est jamais que de « l'eau végétale »).

Ces pérégrinations autour du vin contribuèrent à me convaincre davantage s'il en était besoin que la dégustation est une chose trop sérieuse pour être laissée aux seuls professionnels. Je n'ai voulu manquer aucune occasion de m'aventurer dans les sanctuaires du vin, sur son territoire sacré. Je me suis passionné pour les mystères de la dégustation, pour la confluence des sens et des sentiments, de la subjectivité physiologique et psychologique, pour les effets de groupe et d'autorité, pour les vertus magiques du vin, ses rapports au temps et donc à la nostalgie, au prestige et donc à l'imaginaire. Il y a un peu de tout cela dans ce livre, ainsi que des notes au jour le jour, des impressions et des interrogations de dégustateur ébloui ou, parfois, déçu.

Mon propos, admettons-le, pourrait passer pour ambigu, pour ne pas dire duplice. Il s'agit en somme de chercher à démonter les mythologies du vin tout en vivant le mythe au plus près possible : aimer le vin, le connaître un peu mieux et ne pas être tout à fait dupe, ou l'être en connaissance de cause. Le démasquer, le dépouiller de ses parures et de ses ornements – pour n'en aimer que mieux la créature ainsi dénudée. On pourrait m'objecter que cela revient à vouloir « le vin et l'argent du vin ». Je préfère penser que la démarche est éclairée et orientée à la fois par la gourmandise et une curiosité avide de chercheur en sciences humaines. Comme l'ethnologue, disons que je suis en perpétuelle observation participante parmi les tribus du vin, plus tout à fait un étranger, familier aux autochtones mais jamais complètement intégré.

L'ivresse et le flacon

« Qu'importe le flacon pourvu qu'on ait l'ivresse » : nul proverbe, nul aphorisme n'est plus faux. S'il était vrai, nous boirions le vin indifféremment à même le tonneau ou dans des litrons étoilés, dans un verre en cristal ou un quart en fer-blanc. Les étiquettes auraient disparu et les appellations aussi. En réalité, nous buvons avec les yeux, avec la tête, avec notre imaginaire et nos préjugés : nous sommes naturellement des buveurs d'étiquettes et le flacon nous subjugue.

Il y a un boire « froid », technique, qui dissèque, analyse, chasse le défaut ; il y a un boire « chaud », qui rêve, imagine, fantasme, se souvient, désire, festoie, s'enivre de sensations ou éventuellement s'enivre tout court. Le seul boire qui n'a que faire du flacon, de l'étiquette et de l'imaginaire, celui qui s'efforce de ne traiter que l'information acquise par les papilles et les récepteurs sensoriels, c'est celui du technicien.

I

LE VIN ET LE TEMPS

Enfant, j'étais parfois chargé par mon père d'aller chercher du vin à la cave. J'aimais la lampe électrique dont je m'armais pour affronter les ténèbres. Je revois l'anneau de lumière jaune qu'elle créait, percé d'une zone plus sombre en son centre. Il fallait franchir un long couloir, humide et malodorant, bordé de réduits obscurs et d'autres caves, certaines abandonnées. Derrière leur porte à claire-voie, parfois entrouverte, béaient des ténèbres compactes où le faisceau lumineux s'enfonçait comme dans une ouate noire. Au pied des murs, de petits tas de graines rouges évoquaient la présence inquiétante de rongeurs invisibles. Je m'échinais souvent sur la serrure : le bois de la porte travaillait et la clé refusait de tourner. J'entrais bruyamment, histoire d'intimider les créatures qui peuplaient virtuellement les recoins et j'accrochais ma lampe au clou *ad hoc*.

Les caves citadines, souvent, font fonction de grenier autant que de cellier : faute de combles, on y exile les objets périmés, meubles cassés ou malles de réforme, qui pourrissent au lieu de se dessécher. Il flotte un parfum douceâtre de moisissure et, dans les murs, les fontes grondent comme des intestins. Au milieu de ces entassements chaotiques, les rangées de bouteilles instituaient ordre et symétrie. Du doigt, je traçais des arabesques dans la poussière qui recouvrait les flacons comme une neige grise. La question s'imposait : pourquoi le vin était-il au cachot ? Quelle faute était-il censé expier ?

Je ramenais mes bouteilles à la surface comme un pêcheur de perles, comptant sur mes doigts les années que le vin avait passées sous terre depuis le millésime indiqué sur l'étiquette.

⁂

La valeur œnologique n'est qu'une dimension du millésime, pas même, peut-être, la plus importante. On boit de la commémoration et de la remémoration. On boit l'année d'une naissance, d'un mariage, un événement historique, un passé imaginé ou impensé qui s'incarne ainsi dans le corps et l'être du buveur. Le vin est une machine à remonter le temps mais aussi à faire voyager le temps en nous : nous ramenons du passé dans le verre comme au bout d'un hameçon.

À la vérité, le vin fait mieux encore que remonter ou retrouver le temps : il l'arrête. Comme l'a écrit Jean-Paul Kauffmann, les métaphores du temps sont toujours fluides : il coule, il file, il fuit comme un liquide. Avec le vin, précisément, « ce liquide ne *s'écoule* plus. Il est stagnant, inerte, il fait durer les choses. Aboli le flux temporel ! Interrompu le ruissellement universel. Le vin qui a vieilli nous apprend qu'une direction peut être inversée, que l'irréparable n'a pas eu lieu [1] ».

***

Dans d'autres cultures que la nôtre, c'est l'éphémère qui est volontiers célébré. Au Japon, un rite social printanier exige que l'on aille ensemble, en famille, entre amis ou camarades de bureau, voir les cerisiers en fleur, ou plutôt la *chute* des fleurs. On s'assoit en

1. Jean-Paul Kauffmann, « Le liège du temps », in *Manger magique*, Paris, Autrement, 1994, pp. 105-108.

tailleur sur l'herbe (ou, aujourd'hui, sur un carré de plastique). On rit, on boit du saké ou de la bière et l'on songe en contemplant la descente tournoyante des pétales à l'exquise fragilité de l'instant, chantée dans les *haïkus* depuis des siècles. *Carpe diem* ? Pas tout à fait. Il ne s'agit guère, ici, de *faire durer* l'instant pour mieux en jouir, ni même de le cueillir : c'est la fugacité même des fragiles pétales qui fait leur prix. Les cerisiers ne sauraient être durables sans perdre tout intérêt. D'où la nécessité de se livrer à un exercice d'oubli actif de la durée : se concentrer sur le fugitif, sur l'instant et sa fuite.

Il me semble que, dans notre culture, un équivalent lointain de ce rite est celui du vin nouveau. Il est célébratif et non commémoratif : c'est, là aussi, la fugacité même du beaujolais primeur qui en fait la valeur... Ainsi, bu à petites gorgées ou à grandes lampées, le vin est à la fois capable de restaurer le temps écoulé, de marquer sa fuite, de glorifier l'instant éphémère.

Il faudrait un *haïku* sur le beaujolais.

⁂

Le vin qui sait vieillir nous conduit à penser le temps à une autre échelle, au-delà des limites de notre espérance de vie. F. m'a conté ceci : il a pensé à rédiger un testament un jour où il faisait un concours dont le prix était une collection de grands bordeaux de grandes années : ils ne seront à leur sommet, se disait-il, que dans vingt ou vingt-cinq ans...

⁂

Un ami, triomphant, a posé sur la table du dîner une bouteille grise de poussière, l'étiquette moisie, presque illisible. Un cru bourgeois qui se révélera très essoufflé, presque exsangue. « Il vient de la cave de mon grand-père, avait-il annoncé, vous allez m'en dire des nouvelles. » Il fallait l'entendre à la lettre : ce vin est au-delà du temps, il est du temps de l'au-delà. Et les nouvelles en question, ce sont des nouvelles du grand-père.

⁂

Il y a des moyens de vieillir le vin sans *le faire* vieillir, sans même nécessairement l'encaver. Il y a ces étiquettes bien de chez nous, faussement parcheminées, en caractères gothiques. Elles manifestent une ancienneté pour ainsi dire quintessentielle. Qu'importe l'âge du vin, nous signifient-elles, puisque le terroir et la tradition sont anciens ? À l'extrême, la tradition et le terroir sont superflus : la force magique de l'étiquette est nécessaire et parfois suffisante ; elle se communique au vin. Il est *symboliquement* vieux. Gain de temps, sécurité, retour sur investissement : il y a beaucoup de rationalité dans cette magie.

⁂

Le vin « retour des Indes », comme le voyageur interstellaire dans le paradoxe de Langevin, a davantage vieilli pendant son voyage en mer que celui qui est resté à terre. Nul besoin pour cela que sa vitesse ait été celle de la lumière : c'est, si l'on veut, le paradoxe de l'angevin.

⁂

Au fond, pourquoi encave-t-on vraiment le vin ? Sans doute moins pour le punir que pour l'oublier et, ainsi, mieux le redécouvrir : la cave est oubliette plus que cachot. Le vin reste un prisonnier mystérieux, une sorte de Masque de fer – un Masque de liège plutôt, puisque c'est sous du liège qu'il dissimule la réalité de son être. Le jeu consiste à se souvenir à temps que le détenu existe pour l'extraire de son oubliette. Le bouchon ôté, on louera sa jeunesse s'il est très vieux, sa maturité s'il est encore jeune. Mais la vérité est au fond très claire : ce liquide emprisonné qui s'écoule soudain dans le verre, c'est du temps à l'état pur. Nous le gardions enfermé dans un flacon, comme le génie de la lampe ou le diable dans la boîte.

Le sexe et les papilles

Les chercheurs nous l'assurent : les femmes ont en moyenne une sensibilité gustative plus fine que celle des hommes. Certes, dans l'imaginaire collectif, le vin se conjugue surtout au masculin. Mais dans les professions du vin, les femmes – œnologues, sommelières, journalistes ou même vigneronnes – sont de plus en plus nombreuses, respectées, influentes. Au restaurant, l'addition n'échoit plus nécessairement aux hommes. Et pourtant, imperturbablement, on s'obstine à demander auquel de ces messieurs remettre la carte des vins et « faire goûter ». Il serait temps en somme que restaurateurs, maîtres d'hôtel et sommeliers cessent de confondre le sexe et les papilles…

II

SACRÉ SUCRÉ

Peut-on encore parler d'amour sans parler de sexualité ? Non sans doute. À tout le moins, on évoquera le désir, la passion des corps, les transports extatiques. Il y a belle lurette que les censures et les hypocrisies ont été levées en la matière, même à Bordeaux.

Nous autres amateurs de vin, qui sommes beaucoup moins délurés qu'il n'y paraît, nous réussissons pourtant couramment, dans un domaine différent encore que voisin, un exploit du même tonneau. Le non-dit est notre royaume, le refoulement notre empire.

Et pourtant, nous sommes savants : voyez comme nous sommes intarissables sur les techniques de vinification, sur les vices et les vertus des cuviers en inox, sur les mérites et les dangers des barriques en bois neuf, sur les pièges de la malolactique, sur l'acidité volatile, sur les phénols et les tanins…

Et pourtant, nous sommes experts : voyez comme nous dégustons bien. Voyez notre maîtrise à juger, étalonner, cataloguer, étiqueter, caractériser tout ce qui parvient dans notre verre. Nous jouons en virtuoses au portrait chinois avec les saveurs et les arômes. Et si c'était un fruit ? Ce serait du coing légèrement confituré. Et si c'était une matière ? Ce serait du cuir de Russie, de la terre humide, du sous-bois, des entrailles de lièvre, que sais-je encore ?

Et pourtant nous sommes poètes : plus nous dégustons, plus haut nous nous envolons. Nous discourons lyriquement sur les vertus sapides et aromatiques, sur le pouvoir d'évocation des nectars dont nous nous délectons, sur les terroirs et les hommes, sur les racines et la tradition, sur le sexe des vins et des mets.

Or dans tous ces discours savants, experts ou poétiques, il y a deux thèmes que nous réussissons à ne jamais aborder, deux mots que, au prix de contorsions stupéfiantes, nous parvenons à ne jamais prononcer, bref : il y a deux tabous.

Le premier est l'alcool : passé l'étape de la vinification, vous n'en entendrez plus guère parler, sauf si par malheur ce rustre a le front de ne pas se faire oublier suffisamment. On le dira alors « trop présent », ce qui indique bien que, *a contrario*, on le souhaiterait absent, en tout cas discret. À la vérité, on peut même se demander si la fonction de tous nos discours appoloniens n'est pas, précisément, d'étouffer pour ainsi dire dans la barrique la dimension dionysiaque, c'est-à-dire alcoolique, du vin. Les amateurs de bordeaux sont ici les plus concernés : leur lippe s'allonge devant toute évocation de l'ivresse. Ils l'assimilent en bloc aux bacchanales les plus effrénées et à des excès jugés très plébéiens, autant dire bourguignons. En réalité, le travers n'est pas propre à Bordeaux, mais au monde du vin en général : on jurerait parfois que le vin n'est rien d'autre que le pendant végétal de l'eau minérale.

Quant au second tabou, il se cache derrière des euphémismes : « liquoreux » en est un, et il trahit de la honte, sinon même de la haine de soi. « Liquoreux » renvoie en effet à « liqueur » et quel est le propre de la liqueur, sinon d'être – quelle horreur ! – *sucrée* ? Le sucre, en tout cas la saveur sucrée, est le substrat fondamental de la jouissance que nous procurent ces vins. L'ennui est que, dans nos têtes, il renvoie à l'enfance et à la féminité, ce qui est fort embarrassant pour les amateurs éclairés, adultes et virils que nous sommes. Dès lors, le compte du sucré est bon : il apparaît incompatible avec la noblesse du vin et donc, au sens littéral du terme, ignoble. Il incarne la régression, l'infantilisme, la facilité. Il est tout juste bon pour les naïfs et les ignorants ou, ce qui revient au même, les palais grossiers des buveurs de bière. Il flatte bassement les papilles, il « farde » le vin : voyez l'étiquette d'ignominie qui s'attache désormais à la chaptalisation, qui conjugue les deux tabous, sucre et alcool.

Tout se passe comme si nous assimilions le plaisir que nous procure le sucre à ces jeux solitaires que, pourtant, ni la morale ni la science ne réprouvent plus de nos jours. Mais si la pulsion sucrée est au vin botrytisé ce que la libido est à l'amour, il faut admettre ceci : les pudibonderies saccharophobes ne sont nullement indispensables pour préserver le mystère et l'amour du vin.

La foire au pinard

Devinette : quelle différence entre un boxeur sonné et un amateur de vin ? Tous deux « dégustent », mais, à la foire, c'est le vendeur qui encaisse. Il faut mettre la main à la poche pour obtenir une larme de piquette dans un verre mal rincé et pas essuyé. Si vous humez seulement le vin avant de l'avaler tout rond, le « commercial » s'impatiente de vos chichis : il faut qu'il rentabilise son stand. Estimez-vous heureux si, par-dessus le marché, il n'insiste pas pour vous faire l'article.

Jadis, au cours d'une campagne présidentielle, on demanda méchamment à propos d'un candidat : « Achèteriez-vous une voiture d'occasion à cet homme ? » Or choisir un vin, c'est aussi élire une personne pour le fruit de son travail, dont on se pénètre littéralement. Dans les foires comme ailleurs, il est plus facile de trouver de mauvais vendeurs que de bons vignerons.

III

LES BALISES DE L'IMAGINAIRE

C'est un château à la fois rustique et contemporain qui s'étend plus qu'il ne se dresse, épousant le relief de croupes douces. Le bois et le verre, la pierre et la tuile se fondent et se complètent. Une tour à colombages postmoderne se mire dans un plan d'eau constellé de nénuphars. Des arbres déjà centenaires ombragent l'étang et le long bâtiment à hautes ouvertures qui s'élève devant le cuvier et le chai. D'une large terrasse descendent des degrés circulaires qui s'épanouissent comme des ronds dans l'eau. Une paix agreste et électronique s'étend sur ces constructions où l'on imagine de légers murmures d'informatique couverts par le chant des oiseaux et le frémissement des feuillages.

Duhart-Milon, château vinicole de l'ère postindustrielle, ancré dans la tradition et à l'avant-garde de la (post) modernité, produit un vin d'une extrême élégance, digne de son classement de quatrième et bien au-delà. Dès les années quatre-vingt et jusqu'à la fin du siècle, Éric de Rothschild et ses collaborateurs avaient mené à bien l'essentiel d'une politique de longue haleine qui tendait à affirmer l'identité et la superbe du vin de Duhart-Milon. Tout en achevant de remembrer la propriété, ils avaient graduellement réduit la proportion de cabernet franc, augmenté celle de merlot, atténuant ainsi le fond de dureté que l'on associait traditionnellement à Duhart-Milon. Le vin, comme jadis, présentait souvent plus de couleur, de corps que son prestigieux voisin de Lafite. Mais il réussissait maintenant à concilier avec cette vigueur une finesse et un équilibre tout aussi aristocratiques que ceux de son illustre aîné. Aujourd'hui, Château Duhart-Milon incarne l'épanouissement d'une propriété et d'un vin qui ont réussi à transcender en histoire et en tradition un passé incertain ou chaotique.

⁂

Dans une version plus réaliste, cet article aurait commencé ainsi : Duhart-Milon est un domaine sans château. Le château n'existe pas, n'existe plus, n'a probablement jamais existé. La bâtisse basse et carrée que montre l'étiquette s'élevait jadis sur le quai de Pauillac, à l'écart du domaine et du chai, situé lui aussi en ville. André Cazes, qui avait dans les années cinquante racheté la maison sans les vignes, dut l'abattre faute de pouvoir la faire tenir debout. Une étiquette des années soixante représente un autre bâtiment, blotti entre les croupes du domaine : château oublié ou château imaginé ?

Château Duhart-Milon, domaine sans château, château sans château, château en creux : ce territoire vinicole non construit souffre d'une identité encore mal bâtie. Le château historico-futuriste existe, mais sur le papier, sous le crayon des architectes britanniques Dixon, Dixon et Pimlott. En 1988, à l'occasion de l'exposition « châteaux-bordeaux », les organisateurs avaient imaginé de proposer à des architectes de projeter les châteaux vinicoles de l'avenir. Éric de Rothschild avait « offert » à leur créativité le domaine de Duhart-Milon. En agissant ainsi, il manifestait, consciemment ou non, que l'identité du château sans château était pour une part problématique.

La maison du corsaire

Les propriétés de Bordeaux se sont constituées tardivement. Leur identité est fluctuante, leur histoire se perd au gré des mutations, des regroupements et des démembrements, dans une poussière d'actes notariés et d'archives, dans les tourbillons des guerres et des crises. Ce que l'on sait de l'histoire de Duhart-Milon relève davantage de la tradition orale que de l'historiographie. J'ai interrogé Émile Castéja, dont la famille fut propriétaire du domaine jusqu'à la fin des années trente : c'est son arrière-grand-père qui avait véritablement constitué la propriété au milieu du XIXe siècle. Dans la famille, on raconte que Duhart-Milon s'est d'abord appelé Milon-Duhart, Milon comme le lieu-dit, Duhart comme le propriétaire, lequel aurait été corsaire. Émile Castéja rapporte en outre qu'il existe un document montrant que, pendant la période révolutionnaire, Madame Duhart a pu obtenir un acte de notoriété assurant qu'elle était bonne citoyenne et un laissez-passer l'autorisant à se rendre à « la Nouvelle York » pour récupérer un bateau avarié... Le bâtiment détruit dans les années cinquante avait sans doute été la maison du « corsaire » Duhart. Si une « maison du corsaire » avait subsisté, elle aurait sans doute été de nature à faire travailler notre imagination : mais pour autant, aurait-elle pu remplir complètement la fonction symbolique d'un château vinicole, installé sur le domaine ? Cette absence, si elle n'est pas la cause du flottement de l'identité de Duhart-Milon, en est à coup sûr le symbole criant.

Depuis que les Rothschild de Château-Lafite ont racheté Duhart-Milon, en 1962, la question se pose au moins implicitement : qui est Duhart-Milon, en lui-même et par rapport à Lafite ?

Ceux qui aiment le vin ou en font leur profession, presque toujours, l'anthropomorphisent, le regardent et le décrivent comme un être humain et même davantage : une personne. Les chantres du vin en font les personnages d'un théâtre ou d'une épopée et lui accolent des épithètes en conséquence. Le vin est ainsi décrit comme noble, austère, fin ou vigoureux, puissant et généreux, distingué ou canaille. On parle de son caractère et de sa race, de son élégance et de sa lignée, de sa sincérité ou même de sa franchise. On raconte sa vie, on évoque ses origines, on recherche sa filiation, on évalue même sa moralité. En Bordelais plus qu'ailleurs, les épithètes tendent à être empruntées au registre des valeurs aristocratiques, de la légitimité, du lignage, des origines. Il n'y a pas à s'étonner, dès lors, que ce personnage ait besoin d'un toit et que ce toit soit un château.

Un cadet négligé

Or longtemps, le vin de Duhart-Milon fut cantonné à un rôle un peu effacé. On l'imposait – comme un mal pour un bien – à tout acheteur de Lafite : pour obtenir une caisse de l'un, il fallait accepter une ou plusieurs caisses de l'autre. Un double prix était en somme attaché au Lafite : l'un payable en argent, l'autre en résignation. Comment l'aura de notre Duhart-Milon aurait-elle pu totalement s'épanouir dans cette situation ? Il se sentait non seulement déprécié par son illustre aîné mais encore culpabilisé : pour qu'il fût nécessaire de l'imposer ainsi comme un mal inévitable, fallait-il qu'il fût coupable de quelque noirceur, d'on ne sait quelle faute oubliée ? Demandez aujourd'hui à Éric de Rothschild de dresser le portrait anthropomorphique de Duhart-Milon : il le voit comme un fils cadet écarté, injustement négligé. Un cadet qui, désormais, doit relever la tête, trouver sa voie, revendiquer son rang, affirmer sa personnalité, développer sa branche, recevoir enfin la considération et le respect qu'il mérite... Et tout cela à l'écart du château familial.

Que serais-je sans toit ?

En dépit de la science croissante des œnologues, la substance essentielle du vin de Bordeaux ne réside pas encore exclusivement dans les composants chimiques qu'ils s'acharnent à traquer et maîtriser. Elle est aussi faite de molécules d'imaginaire lentement et subtilement agrégées et sans doute plus difficiles à maîtriser encore que celles qui sont l'enjeu de la vinification. Qu'y a-t-il dans un vin de Bordeaux outre le vin ? Une concoction insaisissable d'imaginaire, un amas d'images et de connotations, le tout cristallisé dans un nom et concrétisé, incarné, personnifié par cet objet totémique et poétique, cette balise de l'imaginaire : le château. Le château vinicole n'a pas qu'une fonction technique, pratique, matérielle. Ce n'est pas seulement « la fabrique » du vin : c'est aussi sa maison. Le vin de Duhart-Milon est là, beau et fier, depuis bien longtemps. Mais il se pose la question : sans château réel, puis-je être autre chose qu'un château en Espagne ? Un fantôme sans château qui erre en s'interrogeant : que serais-je sans toit ?

Le vin n'est pas seul à se poser la question. À la vérité, c'est le buveur qui se la pose avec le plus d'intensité, même si c'est sans le savoir. Sachons en effet affronter cette vérité : l'imaginaire concourt à la vinification. Il grandit et bonifie les vins. Le château, le nom se boivent, tout comme, dans les produits moins nobles, la marque, si chère au marketing. C'est pourquoi rien, en un sens, ne porte mieux son nom qu'une dégustation « aveugle » : déguster sans voir, sans savoir, à l'aveuglette, c'est prétendre que le vin n'existerait qu'en bouche, qu'il ne vaudrait que par ses qualités objectives, « palatables » et palpables par les papilles. Mais le grand vin est un objet total. Il se déguste et s'avale entier, du sensoriel à l'imaginaire, avec arômes et saveurs, domaines et relief, tours et clochetons, nom et réputation.

L'architecture, disait Carême, est une branche de la pâtisserie. À Bordeaux, elle est aussi une branche de la dégustation. Tout vin a une architecture. À Bordeaux, il doit avoir plus : à la fois un palais et un château.

IV

JOURNAL DE GRUAUD-LAROSE

[Novembre 1996 : journal d'une visite à Château Gruaud-Larose pour un papier dans L'Amateur de bordeaux*]*

Vendredi. La rénovation de Gruaud-Larose est achevée, mais les chambres du château ne sont pas encore meublées. Michel Guillard [1] s'est néanmoins fait installer, au cœur de ce palais désert, un petit lit de vendangeur, perdu au milieu d'une chambre à coucher immense, opulente, et absolument vide. Pour ma part, je logerai au château Malescasse, à quelques kilomètres.

À peine installé, j'ai perdu la clé du château. À six heures du soir, dans une nuit brumeuse, le gardien nous a accueillis, nous a ouvert la porte, nous a conduits aux appartements et s'est retiré en me confiant une clé plate d'apparence très

1. Directeur de *L'Amateur de bordeaux*.

high-tech. Et me voici maintenant dans le hall d'entrée, fouillant désespérément mes poches. J'ai perdu la clé. Impossible de sortir du château ce soir, sous peine de ne plus pouvoir entrer… Le frisson panicard est de courte durée : la clé était au fond d'une poche. Sans doute jouais-je un peu à l'avoir perdue. Manière, en somme, de s'approprier le château : perdre ses clés, n'est-ce pas le privilège du propriétaire ?

⁂

Samedi. J'ouvre les volets sur un paysage de vignes jaunes et rousses. De lointaines détonations de fusils de chasse se répercutent, aux confins de la brume et des sillons. Une route émerge de ce coton lointain, droit devant. Parfaitement rectiligne, elle vient mourir au pied du château, devant le portail surmonté de deux drapeaux. Le sentiment de propriété s'affirme : tout dans ce paysage converge vers moi.

⁂

Gruaud-Larose. La pelouse du château est drue et épaisse comme un *bowling-green* britannique, comme un court de Wimbledon, comme un green de golf, comme un doux paillasson vert. L'intense et antique marcottage, la tonte constante, le roulage incessant ont peu à peu construit ce compact entrelacs. La netteté implacable des bordures donne tout son sens à l'expression anglaise : d'une pelouse bien tenue, on dit qu'elle est *manicured*, manucurée. J'imagine un jardinier obsessionnel, armé d'une paire de ciseaux à ongles, taillant ce velours vert au millimètre. C'est peut-être ici que Bordeaux mérite vraiment sa réputation britannique : dans quel autre jardin français pourrait-on trouver ce paradigme de la culture anglo-saxonne ? Nous autres Français sommes d'étranges jardiniers : nos pelouses sont interdites et néanmoins pelées. Celles des parcs britanniques, foulées par tous, sont un tapis sensuel et fourni.

Si la pelouse est d'essence britannique, les allées de Gruaud-Larose, ratissées tout aussi pointilleusement, renvoient aux jardins zen des sanctuaires de Kyoto.

***

Samedi soir. Dîner à Gruaud-Larose. Le château est illuminé. Nous pénétrons dans un salon d'un rouge ébouriffant. Une visite déjà ancienne me revient en mémoire : incontestablement, le château a retrouvé tout son éclat, tout son lustre, et au-delà.

Cette première visite remonte à juillet 1992, lorsque les domaines Cordier étaient encore dans le portefeuille du groupe La Hénin. Je participais à une « verticale » de grands millésimes de Gruaud-Larose, menée par Georges Pauli, accoucheur de ces vignes depuis des lustres. Nous bûmes 82, 75, 61, 59, 55, 45, 37.

Aujourd'hui, Gruaud-Larose, fourbi à neuf, rénové et développé de fond en comble par son puissant propriétaire, Alcatel Alsthom, n'est plus tout à fait le même, sans être tout à fait un autre. Tout, du cuvier au nouveau chai enterré, crypte de béton d'un gothique postmoderne, est du dernier cri technique. Les couches de graves ont été cartographiées en détail, analysées en profondeur, sondées parcelle par parcelle. Une petite station météo enregistre en continu les paramètres essentiels. Dans le château, en attendant meubles et habitants, les velours revivent, les moquettes flamboient.

Notre amphitryon de ce soir, Jean-Pierre Petroffe, se multiplie. Le dîner est exquis, les convives tout autant. Georges Pauli a choisi de nous servir notamment, sur la côte de bœuf, le Gruaud-Larose 55 que j'avais dégusté il y a quatre ans. Dans la grande salle à manger, où nos hôtes ont judicieusement éteint le grand lustre éblouissant, instaurant une douce lumière de chandelles propices, on entend des exclamations, des murmures admiratifs, presque extatiques.

Ce que, il y a quatre ans, j'avais griffonné dans mes notes de dégustation s'est imprimé dans ma mémoire. Dans les plus grands de ces vins, je croyais percevoir la marque ardente de l'été. J'y sentais des chaleurs caniculaires, des fragrances d'asphalte, de cuir chaud, comme celles qui monteraient des sièges d'une belle voiture de sport sous un soleil de plomb.

Ce soir, je ferme les yeux pour mieux accueillir le frisson de l'indicible... Le nez est fin, complexe... Mais je m'attendais, comme dans mon souvenir, à plus organique, à quelque chose d'animal, de presque faisandé... En bouche, ce que je perçois est plus serein et subtil que dans mon souvenir de soleil et de canicule. En cet instant, sans me l'avouer, je suis au bord de la déception. Où sont mon asphalte chaud et mon cuir de décapotable ?

Ainsi ce 55, dégusté des années auparavant, s'est installé en moi comme un modèle insurpassable, peut-être inégalable, de vin jubilatoire. Il est devenu un étalon-bonheur. Comment un souvenir peut-il être assez vivace, assez puissant pour s'imposer aussi massivement, aussi tyranniquement ?

En réalité, ce que j'ai en mémoire à cet instant, ce n'est pas un goût, ce ne sont pas des arômes ou des flaveurs, certainement pas une sensation. Il s'agit bien d'un souvenir ; mais ce souvenir a été « fixé » – et du même coup reconstruit – par le verbe. Ce sont des mots que j'ai en tête, non une sensation. J'ai tant cherché à la qualifier, à la décrire dans l'instant où elle vivait en moi que ce qui me revient en mémoire aujourd'hui, c'est précisément cette description, et non la sensation qu'elle était censée « fixer » (comme on « fixe » dans le formol un organe disséqué). Double impuissance : celle des mots à saisir la première sensation ; celle de la nouvelle sensation à égaler les mots du souvenir.

Peut-on, en buvant à nouveau *le même* vin, revivre ce bonheur perdu et pourtant si précieusement conservé ? Non, bien sûr. Le vin de ce soir, ce vin de quarante et un ans a continué de vivre et de vieillir depuis notre première rencontre, comme je l'ai fait moi-même. Ce n'est pas, ce ne peut être *le même* vin ce soir qu'il y a quatre ans, pas davantage que je ne suis le même aujourd'hui qu'hier. Cela, la raison l'admet parfaitement ; pourtant quelque chose de plus profond semble vouloir court-circuiter ce savoir, me pousser à faire comme si, en me penchant sur mon verre, je pouvais me replonger magiquement dans le passé, revivre à volonté l'instant précieux. Encore une double impossibilité : impossible de le revivre, mais impossible aussi de ne pas chercher à le revivre.

Le vin est bien une magique machine à voyager dans le temps ; mais nous ne savons pas la piloter. L'engin est délicieusement capricieux et exaspérément imprévisible. Et quand il décide de nous ramener soudain dans un passé déjà vécu, c'est toujours malgré nous, de façon surprenante et inattendue. La réminiscence proustienne ne nous saisit jamais autrement que par embuscade, au détour d'une saveur, d'un arôme, d'une odeur dont la puissance d'évocation déjoue nos misérables calculs, nous laissant éberlués et bouleversés.

Que faire ce soir, à Gruaud-Larose ? Il faut goûter le vin pour ce qu'il est ici et maintenant, et pour cela seulement. Mais – est-ce possible ? – sans se priver de ce qui, précisément, donne encore plus de prix à cette soirée : le vin de ce soir, ce vin si ancien, avait déjà croisé mon chemin quatre ans plus tôt et c'est cela qui me paraît beau, émouvant, troublant. Le voici donc, un peu assagi peut-être par les ans. Mais la sagesse ne saurait être un défaut.

L'amateur fait en somme ses délices de son désir, d'une oscillation permanente entre frustration et gratification. À peine ébloui par la rencontre d'un vin, le voici prêt à reprendre l'inépuisable poursuite. Je pense à mon ami F., le front plissé, les paupières abaissées sur une concentration intense, tout entier tendu dans la quête de l'indicible, lorsqu'il me dit d'un vin qu'il vient de déguster – et qu'il mesure au souvenir d'un autre : « c'était presque ça, mais pas tout à fait ». Et de chercher à décrire ce qu'il manque encore. Le souvenir apparaît ici comme un avatar camouflé de l'idéal, auquel il ne fait que conférer de la vraisemblance, de la réalité : puisque je l'ai vécu, c'est donc que cela existe.

⁂

Quelqu'un, sur ma gauche, parle du vin en termes de saison : automne, feuillages mordorés, sous-bois humides. Et le propos me semble juste. Il y a quatre ans, en juillet, je vivais ce vin comme estival et caniculaire ; aujourd'hui, en novembre, je le trouve automnal. La saison de la dégustation porterait-elle aussi sur notre jugement ?

⁂

Le propriétaire des domaines est une institution un peu lointaine, une « personne morale ». Mais le vin n'est pas orphelin : son géniteur l'accouche lui-même, l'élève, le soutient, l'encadre. Il a nom Georges Pauli et son parler, pourtant venu d'ailleurs, roule comme les graves d'ici.

⁂

Dimanche. Nous avons cassé la croûte dans la cuisine du château désert, sur un coin de table. Un rayon de soleil rasant tombait sur le carrelage. Ce fut un frugal repas de restes somptueux, pris à même le formica : les miettes d'une terrine de pot-au-feu et foie gras concoctée pour le dîner de la veille par Jean-Marie Amat, quelques tronçons de baguette légèrement rassise, un fond de Gruaud-Larose 91. Petite année d'un grand cru, grande jubilation d'une petite transgression.

⁂

« Quel beau vin », disons-nous dans l'extase. Ce « beau » porte en lui tout ce dont nous voulons parer le vin, l'ennoblir : s'il est beau plutôt que simplement « bon », c'est qu'il est « à distance » et non pas seulement absorbé, incorporé. C'est qu'il relève de l'art et que, à l'instar des chefs-d'œuvre, on en jouit de loin, spirituellement. Inversement, nous parlons de « déguster » un tableau ou de « dévorer » un roman, comme pour leur donner un peu de chair, de substance corporelle. Ainsi, nous voulons incarner l'art, spiritualiser le vin et la chère. Le beau pour l'esprit, le bon pour le corps. Où va se nicher le dualisme.

⁂

Du haut de la tour du château, nous découvrons le plateau de Saint-Julien dans toute son étendue. Il n'est pas de paysage moins « naturel » que la vigne, et c'est cela que j'aime.

Un jardinier maniaque a passé partout un peigne géant. Les tresses rousses ondulent au fil des croupes douces. Un carré, là-bas, est d'un doré plus profond : c'est du malbec, nous dit Georges Pauli. Une reprise un peu brune sur un tricot orangé.

Faut-il croire aux « noms à terroir » ?

L'Europe se divise en deux parties. Au Nord, on croit à la chimie, au Sud à l'alchimie. Néerlandais, Scandinaves et Britanniques veulent de l'étiquetage informatif, qui détaille la composition des mets et des vins. Français, Italiens, Espagnols, eux, croient au terroir, à l'authenticité et donc à l'Appellation d'Origine Contrôlée (AOC).

L'ennui, c'est qu'aucun de ces deux moyens ne remplit vraiment sa fonction. Connaître à l'atome près la composition d'un vin ne nous assurerait ni de son nez ni de sa bouche. Quant aux AOC, on rencontre tous les jours des vins qui ne méritent pas la leur, sans compter celles qui ne se méritent pas elles-mêmes. La qualité se mesure et se garantit mal. Une seule solution : goûter. Et juger.

V

BORDEAUX : LE NOM, LA MARQUE ET LE BLASON

Tout nom porte en lui une charge d'évocation, de connotation. Certains ont davantage : une vertu emblématique, dont l'effet peut confiner au magique. Celui de Bordeaux est de ceux-là et, davantage encore que d'une vertu, il faut parler à son propos d'un véritable pouvoir.

Considérons-le, ce nom. Il a une odeur et un climat. Bord d'eau, bords d'eaux : il sent la fraîcheur et le sel, les touches de brume sur la Gironde chassées par un grand vent, les nuages noirs entassés sur l'horizon et la lumière rasante sur les graves, une bannière claquant à quelque clocheton. Le bordeaux sent le vin et la caillasse, les confins saumâtres de fleuve et de mer. Il sent aussi la ville, la pierre blonde, les hautes fenêtres, les symétries majestueuses et le parfum de propre des bourgeoisies mauriaciennes.

Davantage encore que les odeurs et les sensations, c'est la couleur qui caractérise ce nom :

il désigne en effet une couleur de vin, *la* couleur du vin. Bordeaux et sa sombre rougeur incarnent superlativement le vin tel qu'il s'architecture dans l'imaginaire français[1]. Ainsi, dans le langage, ce nom s'approprie une bonne partie, sinon le territoire entier du vin.

C'est ici que commence la transition de la vertu évocative vers des effets de plus en plus réels et concrets. Poursuivant en effet l'exploration du nom, on découvre que ses pouvoirs s'étendent bien au-delà de l'évocation – climats, odeurs, couleurs. Il possède une dimension morale, il incarne des valeurs sociales. Lorsque la campagne publicitaire du CIVB nous montre un verre à pied orné d'un nœud papillon, il s'agit bien de marquer que l'empire du bordeaux s'exerce dans un registre, celui de l'élégance, de la distinction, de la « race ». Bref : voici un nom qui incarne des valeurs aristocratiques – celles, en tout cas, qu'une bonne partie de la bourgeoisie a cherché à se réapproprier depuis la révolution.

L'amateur s'irritera parfois comme moi, au restaurant, de s'entendre proposer le sempi-

1. Curieusement, la couleur bordeaux n'existe guère qu'en français. En anglais, par exemple, ce que nous nommons bordeaux se traduit par *burgundy*, c'est-à-dire… bourgogne.

ternel « petit-bordeaux-léger ». C'est là pourtant une conséquence nécessaire de la grandeur du bordeaux. C'est que la grandeur participe de son essence même. Nul besoin de la mentionner, sinon pour distinguer les sommets de l'élite : elle va de soi. La présence du bordeaux dans le quotidien et le familier ne peut donc résulter que d'une aristocratique *condescendance* (au sens étymologique de « descendre au même niveau »), comme on dit qu'un seigneur *condescend* à une invitation. C'est là l'information qu'apporte le qualificatif apparemment paradoxal de « petit » accolé au bordeaux : un bordeaux, certes, mais qu'on se rassure, il est modeste. Et de surcroît « léger » : il n'écrasera personne de sa superbe. Le seigneur sait se faire simple. Même s'il n'est qu'un rustique hobereau, il affichera fièrement son grand nom.

Le vin de Bordeaux, donc, s'avance majestueusement, précédé de son nom. Il l'arbore comme un emblème héraldique, un blason garant de la noblesse des origines de son porteur. Tout le peuple des vins de Bordeaux, aussi humble soit-il, se place ainsi implicitement sous la protection tutélaire et totémique de Leurs Grandeurs les éminences de 1855. Bordeaux est bien la *cité* du vin, au sens de la *polis* grecque, une cité qui se fonde sur une double institution : la hiérarchie (la classification de 1855) et la citoyenneté (l'appellation). Hors de cette dernière, en effet, le vin est, comme dans la cité antique, *métèque*. À l'intérieur de la citoyenneté du vin, la hiérarchie des châteaux s'étend des seigneurs incontestés jusqu'aux humbles en passant par les (crus) bourgeois…

⁂

Il existe sans doute une continuité souterraine entre la notion archaïque de marque emblématique, au sens de l'héraldique, et celle, moderne, de marque commerciale. Dans les deux cas, la marque a pour fonction de conférer la distinction, l'identité, l'appartenance. Elle sanctionne une reconnaissance, garantit une protection, manifeste une spécificité ou une supériorité. Pour le *Dictionnaire historique de la langue française* Robert, la marque est « un signe mis intentionnellement sur un objet pour le rendre reconnaissable, en indiquer la propriété » : cet effet appropriateur s'exerce sur les choses comme sur les hommes, depuis les objets usuels jusqu'aux soldats ou aux domestiques en livrée.

La marque moderne reprend certaines des fonctions de la marque armoriale et les transpose dans la relation commerciale : « en matière professionnelle, dit ainsi encore le Robert, elle est un signe distinctif apposé sur un objet par son fabricant ». Elle approprie au bénéfice du producteur l'identité de l'objet marqué, les procédés qui président à sa production. Pour le partenaire commercial, l'acheteur, elle possède une fonction presque contractuelle d'engagement de qualité, de continuité, de fidélité à une réputation.

La marque est un nom et, en tant que tel, elle évoque, elle connote, elle signifie. Et son efficacité est loin de n'être que symbolique. Comme l'écrit l'un des plus réputés analystes du marketing des marques, « le produit est ce que l'entreprise fabrique, la marque est ce que le client achète[1] ». En matière commerciale, fait-il justement valoir, « la marque est un bien immatériel. Elle ne figure nulle part dans les bilans des sociétés ». Mais elle est un capital des plus précieux. L'imaginaire est une denrée monnayable et négociable. Pour illustrer le poids du

1. Kapferer, Jean-Noël, *Les Marques, capital de l'entreprise*, Paris, Éditions d'organisation, 1991.

nom de marque sur les choix et les goûts du consommateur, on raconte chez Pepsi-Cola (un produit qui n'a de commun avec le vin que son caractère liquide) que, pour faire fortune rapidement, il faudrait vendre du Pepsi dans une bouteille de Coca-Cola ; mais que, pour perdre sa chemise, il suffirait de vendre du Coca-Cola dans une bouteille de Pepsi...

En matière de vin, en tout cas dans notre culture vineuse, c'est l'appellation qui tient le rôle principal. Ses fonctions et ses effets correspondent en partie, mais en partie seulement, à ceux de la marque. Une différence parmi d'autres tient à ce que la marque comporte implicitement une promesse d'évolution, de modernisation, d'innovation. Sous ses auspices, le consommateur est assuré (du moins s'y attend-il) de voir se poursuivre l'amélioration et même la diversification du produit dans le temps. L'appellation est davantage tournée vers le maintien, la préservation, la protection d'une identité et d'une typicité, la garantie de la conformité à un modèle traditionnel, symbolisée par l'origine géographique. L'appellation, à proprement parler, *enracine* l'objet qui la porte, alors que la marque, elle, tient lieu de territoire.

Une marque se dépose ; une appellation, comme un titre nobiliaire, se relève.

Mais dans le cas du bordeaux, le nom concentre en lui certains des attributs les plus puissants à la fois de l'appellation et de la marque : quand il porte ce nom, le vin a des racines et une histoire, mais cette histoire a aussi un présent et un avenir. Le vin peut évoluer, déchoir mais aussi progresser, acquérir de nouvelles lettres de noblesse : dans la *polis* bordelaise, hiérarchisée, structurée, il y a une histoire balzacienne des crus et des châteaux, des noms que l'on relève et des dynasties que l'on dépose, bref : il y a une mobilité sociale et historique du vin...

Le connaisseur et l'amateur

Dans tout dîner d'amis ou repas de famille, il y a un « connaisseur » attitré. On attend respectueusement qu'il ait rendu son verdict pour se faire une opinion. Le connaisseur est là pour, littéralement, « ramener sa science ». Il laisse donc tomber un jugement lapidaire sur le vin, le déclare un peu froid, ou un peu jeune, et l'on peut passer à autre chose.

L'amateur est une espèce plus rare. Son nom l'indique : ce qui le définit, c'est l'amour. Lui ne discourt pas, il s'interroge, interroge ses voisins : que nous rappelle ce vin ? Quel est cet arôme, en fin de bouche ? Devant un connaisseur qui pontifie, il ferme les yeux pour goûter tranquille. Mais le connaisseur a beau jeu : en matière de vin, le facteur intimidation sonne toujours deux fois.

VI

DE LA COULEUR DES PAPILLONS EN GÉNÉRAL ET DU BORDEAUX EN PARTICULIER

Le 10 mars 1982, Pia Munk, Miss Danemark et dauphine de Miss Univers, reçoit son poids en vins blancs secs de Bordeaux. Cette année-là, le rapport d'activité du Conseil Interprofessionnel du Vin de Bordeaux (CIVB) rapporte fièrement l'événement et ne manque pas d'inclure, sur papier glacé, une photo de la pulpeuse jeune personne, souriante, court vêtue d'un short en jean très ajusté, juchée sur de hauts talons, et posant, verre en main, devant une caisse ouverte de bordeaux 1981. Cet événement, lancement solennel de l'opération « vins blancs secs de Bordeaux », représente l'un des points forts de « l'action publi-promotionnelle » alors menée par le CIVB.

1983 : Une mue semble s'être opérée. La chrysalide de la communication bordelaise est devenue (très littéralement) un papillon. Plus exactement, c'est un nœud papillon de couleur bordeaux ornant le pied d'un verre de vin rouge. Il fait son apparition sur la couverture du rapport annuel, qui annonce fièrement que l'on a investi « plus de 26 millions de francs pour développer l'image du vin de Bordeaux en France et à l'étranger ». La stratégie présentée consiste en premier lieu à « utiliser le nom de Bordeaux, et en particulier son image rouge, comme fer de lance de notre communication ». Il faut « maintenir aux vins de Bordeaux leur caractère prestigieux » : d'où le papillon, promu signe quasi héraldique de la distinction bordelaise.

Cet *aggiornamento* de la communication exige que, désormais, les actions de promotion hors media se mettent au diapason de la stratégie globale. Là aussi, on mettra donc en avant le rouge, la distinction, etc. On a de nouveau recours à une reine de beauté ; mais cette fois, dans une sorte de retour aux sources nationales et locales, c'est Miss France 1983 qui fait office de marraine, à l'occasion du baptême d'une nouvelle bouteille gravée. La beauté nationale est bordelaise et nettement moins charnue que la vigoureuse pin-up viking de l'année précédente. Quoique également court vêtue, elle manifeste plus de réserve, de modestie, de bon ton bordelais, dans sa tenue (bordeaux) et son attitude. On a confectionné une bouteille à sa taille : on exhibe donc les deux belles Bordelaises, toutes deux porteuses, l'une sur l'étiquette, l'autre sur la poitrine, de la même inscription, qui doit devenir une marque : Bordeaux.

Les murs de nos villes, en décembre de cette année-là (1983), se couvrent d'affiches dues à l'agence Ted Bates, qui taquinent la curiosité du passant (en jargon de publicitaire, on parle d'une campagne *teasing*) : un escarpin, un bâton de rouge à lèvres, un nœud papillon, tous de couleur bordeaux. Des « accroches » sibyllines : « marchez au bordeaux ». Une semaine plus tard, le mystère est levé : « marchez au bordeaux » est devenu « marchez *aux* bordeaux », le talon de l'escarpin est devenu bouteille de bordeaux ; le bâton de rouge se transforme lui aussi en bouteille (« souriez aux bordeaux ») ; le verre à pied cravaté insiste (« dînez aux bordeaux »). La devise de la campagne (en publicitaire tel qu'on le parle, on dit la « signature ») s'étale maintenant fièrement : « la couleur du bon goût ».

L'année précédente, la première étude sur le « territoire de marque », c'est-à-dire l'espace occupé dans l'imaginaire par le nom de Bordeaux, a révélé que ce nom est associé par les Français à des valeurs à la fois aristocratiques, de modernité, de générosité. La nouvelle campagne cherche donc à capitaliser sur ces valeurs. Elle semble y parvenir en partie. Les tests conduits auprès du public montrent que le verre « papillonné » est particulièrement bien reçu. Bordeaux-marque a trouvé son « logo », son emblème-sceau. Dès l'année suivante, le rapport d'activité du CIVB en est constellé et toutes les actions du conseil sont ainsi estampillées, y compris à l'étranger.

Mais assez rapidement, une contradiction apparaît. Certes, le bordeaux est synonyme de distinction, de qualité, toutes valeurs fort bien signifiées par le nœud papillon. En outre, par le slogan « la couleur du bon goût », le bordeaux s'approprie sans ambages à la fois la saveur et l'arbitrage des élégances. La couleur-dont-une-ville-est-le-nom pose cependant un problème qui risque de diviser les cotisants du CIVB : *si le bordeaux est une couleur et que cette couleur est un rouge, le vin de Bordeaux peut-il être autre chose que du rouge ?*

Or l'une des grandes préoccupations du CIVB, précisément, est de mieux faire connaître les blancs secs, qui sont loin de bénéficier de la même notoriété que les rouges... La campagne d'affichage annonce bien que la couleur du bon goût, c'est le rouge comme le blanc. Mais la contradiction est tapie dans la communication.

Les blancs auront leur propre campagne, au moment où ils arrivent sur le marché, au printemps : en 1985, sur les affiches, cinq verres de bordeaux blancs secs sortent de terre comme des tulipes (« les bordeaux blancs secs, ça s'ouvre avec le printemps »). Pendant ce temps, le rouge, toujours incarné par le verre cravaté, attend ses invités au sommet d'un escalier tapissé de rouge (« recevez en bordeaux »). Blanc ou rouge, faudra-t-il choisir ?

En 1986, pour la première fois, les objectifs annoncés pour la communication des vins de Bordeaux s'enrichissent d'une nouvelle préoccupation : « poursuivre le rajeunissement de l'image ». Cette préoccupation nouvelle (en dépit du « poursuivre ») résulte de l'analyse des tendances de la consommation alimentaire, qui laissent présager à moyen terme des difficultés pour les vins de Bordeaux. L'analyse des données disponibles sur la consommation confirme le déclin continu, depuis les années cinquante, du vin et de toutes les boissons alcoolisées. Pour l'instant, ce ne sont que les vins ordinaires qui sont touchés. Une vaste enquête d'ONIVINS, répétée à intervalles réguliers, montrera bientôt que le vin cesse peu à peu en France d'être une boisson quotidienne, que des couches croissantes de la population, en particulier chez les jeunes adultes, s'en détachent de plus en plus, ne consommant que dans les grandes occasions ou même, pour certains, ne consommant plus du tout... Il faut donc maintenir les positions acquises et en conquérir de nouvelles. Traduction de cette nouvelle préoccupation de « rajeunissement » : on transforme la devise « la couleur du bon goût », qui apparaît soudain trop normative, trop BCBG, bref adulto-parentale, en « Le bordeaux me va bien ». Les affiches présentent côte à côte deux nœuds papillons « rajeunis », un rouge et un blanc... Et sur la couverture du rapport d'activité de 1986, pour la première fois, ce sont *deux* verres-papillons, blanc et rouge, qui figurent côte à côte.

À partir de 1987-1988, la publicité se concentre de plus en plus sur le papillon et de moins en moins sur la couleur. L'agence Ted Bates a notamment conçu une campagne presse-magazine montrant des papillons de toutes les tailles, rouges ou dorés, unis ou à pois, épinglés comme des lépidoptères dans une collection (« bordeaux blancs : la chasse aux papillons est ouverte » ; « bordeaux : une couleur singulièrement plurielle »).

Bordeaux, blanc ou rouge, redevient la couleur du bon goût en 1989 et 1990. Mais ce retour en arrière préfigure une remise en cause. Le CIVB, à la fin de 1990, recherche une nouvelle agence, à dimension européenne : on est arrivé au bout, dit le rapport d'activité, de la stratégie de la décennie précédente.

C'est l'agence Conquest qui remporte la compétition lancée pour choisir la nouvelle agence. Elle dispose de filiales dans la plupart des pays définis par le CIVB comme « cibles » privilégiées de sa stratégie, désormais « globale » (entendez « mondiale »), et « transeuropéenne ». L'objectif publicitaire maintenant affirmé est de « s'approprier le territoire de la beauté ». Bordeaux n'est plus « la couleur du bon goût », mais « le goût du beau ». Plus de problème de couleur.

Du papillon ne subsiste que ce qui, en somme, en est l'essence : un nœud. Mais ce nœud n'est plus véritablement un nœud de cravate : il est d'un riche tissu, soyeux, velouté, or ou rouge profond, et il enserre voluptueusement la bouteille, comme un ruban entoure un précieux présent. Riche, le budget l'est aussi : 17 millions de francs pour la seule campagne presse-magazine (la tendance a d'ailleurs été constante, les dépenses publicitaires passant de 18 millions de francs en 1984 à 86 millions en 1995).

L'entreprise comporte une dimension paradoxale. Les marchés du vin s'effritent, vieillissent : il faut donc consentir un effort publicitaire important pour conquérir de nouveaux consommateurs. À ces nouveaux consommateurs, il faut tenir un discours à la fois séducteur et rassurant. D'une part, le bordeaux incarne la beauté, le luxe et la volupté. Mais en même temps, doit suggérer la publicité, cette jouissance promise est accessible, elle n'est pas réservée à une élite suprême et amidonnée ; elle n'est pas l'apanage de connaisseurs discourant gravement sur les arcanes des classements, des cépages, des appellations, des millésimes et de l'œnologie. Encore et toujours, il s'agit de rajeunir l'image comme la cible et de toucher aussi les femmes. D'où le choix des supports, qui va de *Première* à *Parents* en passant par *Biba* et même *L'Équipe magazine*. D'où le choix des thématiques, qui donnent au bordeaux la fonction d'anoblir les moments de plaisir simple : « un verre de bordeaux et un croqu' devient un Monsieur ».

Entre-temps, la loi Evin est venue réduire la marge de manœuvre des publicitaires. Du même coup, comme c'est souvent le cas, elle a stimulé leur créativité et leur ingéniosité. Comment « communiquer » sans rien dire ni montrer (ou presque) ?

Jean-Marc Koch, directeur du marketing du CIVB, retient mal un sourire d'astucieuse satisfaction lorsqu'il énumère certains des magazines qui ont servi de support à ses campagnes récentes : *Enfants-magazine* (cible de jeunes parents qui « s'installent » dans la vie) ou même *Les Inrockuptibles*, l'hebdomadaire rock, dans son supplément-encart intitulé finement « Guide de bord (de la société du spectacle) ». Les messages sont minimalistes : adieu rubans, soies ou velours. Sur la couverture, les deux verres cravatés de papillons sont de retour seuls, avec pour unique légende « bordeaux » et la mention légale : « L'abus d'alcool est dangereux pour la santé. Consommez avec modération. » À l'intérieur, on suggère « un plateau de fromages, un plateau télé et du bordeaux », « des pâtes, un film pas nouille et du bordeaux » ou « du rock saignant, de la viande rouge et du bordeaux ». À quand « sexe, bordeaux et rock n'roll » ?

Ainsi se profile une nouvelle contradiction, peut-être un nouveau risque : parler luxe et volupté, c'était s'éloigner de « la base », des couches potentiellement régénératrices pour la consommation. Mais rendre le bordeaux trop familier, trop quotidien, c'est courir le risque de le banaliser, de le dépouiller peu à peu de son rayonnement imaginaire. Un bain de jouvence pour le bordeaux ? À condition de ne pas jeter le bordeaux avec l'eau du bain.

Fêtes qui déjantent et lendemains qui déchantent

Combien sommes-nous, décembre approchant, à bougonner secrètement : au secours, les fêtes reviennent ? À l'avouer, nous passerions pour rabat-joie, pisse-vinaigre, bonnets de nuit ou incorrigibles snobs. La menace, pourtant, est redoutable : dinde desséchée, marrons étouffe-chrétien, champagnes tirant sur le mousseux, saumons plus ou moins scandinaves, caviars de contrebande, huîtres « en promotion »... Les rites sociaux ont ceci de particulier que la forme y prévaut sur le fond : ce qui compte, c'est de les accomplir, ensemble, et dans les règles. Rien de pire que d'en être exclu. Faut-il donc pour autant renoncer à toute exigence gourmande ? Non, bien sûr : luttons pied à pied contre les festins qui déjantent et les lendemains qui déchantent. Que diable : il doit bien être possible de réveillonner et de se régaler quand même...

VII

EAUX MIRACULEUSES

Vita est per humiditatem : la vie procède de l'humide. La formule est d'Aristote et c'est l'historien italien Piero Camporesi qui la rappelle, l'illustrant avec le souffle mythologique qui le caractérise : « L'humidité sacrée primordiale, ruisselant du corps de la terre-mère, source éternelle de formes vitales, était au centre des cultes archaïques de l'Europe néolithique pré-indo-européenne. [...] L'extinction, l'anéantissement venaient du sec (dans l'Antiquité, on appelait *alibantes* les morts, les desséchés ou déshydratés) ; le germe de la vie, au contraire était dans le liquide, le mou, le détrempé[1]. » Dans nos campagnes encore, il n'est guère de fontaine à laquelle ne soit attachée une légende, un mythe, une vertu curative ou miraculeuse :

1. Camporesi, P., « La voie lactée », in *Manger magique*, Paris, Autrement, 1994.

souvent, elle est réputée avoir jailli sous les pas d'un saint ou bien là où il a laissé tomber quelque attribut symbolique, ce qui justifie les dévotions, chrétiennes dans la forme, païennes dans le fond, qu'elle continue de susciter. Lustrale, purificatrice, bénite ou miraculeuse, régénératrice ou rajeunissante, l'eau est donc « chargée » de pouvoirs mythiques ou magiques. L'histoire du thermalisme se fonde sur ces attributs, se poursuit et se développe avec leur laïcisation et leur médicalisation. Qu'on y plonge le corps ou qu'on l'en pénètre, l'eau a un pouvoir de médiation avec le sacré, elle est l'intermédiaire privilégié entre la vie, la nature et la surnature.

Évian ou les sommets de l'équilibre

Les habitants du bourgeois XVIe arrondissement de Paris, depuis toujours, emplissent bouteilles, bidons et dames-jeannes à la fontaine du square Lamartine, près de l'avenue Victor-Hugo. S'ils ne lui attribuent point, que l'on sache, de vertu proprement miraculeuse, ils lui trouvent une supériorité essentielle et irréductible sur le « Château-Tiberi » des robinets parisiens : celle de l'eau de source sur les eaux de ville. Ni l'analyse biochimique ni la dégustation ne pourraient irréfutablement établir cette supériorité. La source citadine possède un avantage avant tout immatériel, mais qui n'en donne pas moins lieu à une noria permanente et bien réelle. Une source dans la ville, ce n'est rien d'autre que l'émergence ou – c'est le cas de le dire – la *résurgence* de la Nature dans la modernité urbaine.

Les peuples contemporains sont restés plus proches des mythologies ancestrales de l'eau qu'il n'y peut paraître. Les Français davantage que les autres, puisqu'ils sont parmi les premiers consommateurs au monde d'eau en bouteilles. Bien que leur réputation soit celle de buveurs de vin, il faut bien constater qu'ils achètent désormais plus cher et en plus grande quantité l'eau minérale que le vin ordinaire. L'attachement du consommateur à une marque d'eau est plus fort et plus exclusif aujourd'hui qu'il ne peut l'être à un vin ou à d'autres produits frappés de ce sceau magico-commercial qu'est la marque. Les multinationales de l'agroalimentaire, Nestlé et Danone en tête, déploient des stratégies planétaires pour le contrôle des eaux minérales : la bataille des eaux est désormais une lutte de titans, et cela seul prouve bien que l'imaginaire, la magie, la croyance ont un rôle essentiel dans les enjeux les plus matériels et marchands.

Magie, Nature et Incorporation

Magique, le discours commercial et publicitaire sur l'eau l'est superlativement. Il s'agit ici, au sens littéral et étymologique, d'*incorporation*, c'est-à-dire de ce que nous faisons pénétrer dans notre corps et qui est réputé nous transformer de l'intérieur, nous communiquer ses caractéristiques. Ainsi l'eau d'Évian, déclarait une campagne publicitaire récente, « vous donne ce que la montagne lui a donné ». Ce que la montagne lui a donné ? Sels minéraux, oligo-éléments ? Certes. Mais Évian se distingue précisément par sa faible minéralisation. Le « plus » de la montagne est plutôt quelque chose « en moins » : en agissant comme un filtre gigantesque, elle confère une pureté unique à l'eau issue des glaciers. L'apport essentiel, c'est de la substance imaginaire : la source, la fontaine, le jaillissement de l'eau, tout cela porte en soi de la vie, de la pureté, de la jeunesse éternelle, de la vitalité.

Buvez Évian, et vous boirez, vous *incorporerez*, vous ferez pénétrer en vous, tout à la fois, les puissances telluriques de la montagne, l'éternité neigeuse des cimes, la limpidité des glaciers, l'élévation spirituelle et glaciale des sommets, la transparence du ciel. Boire Évian, « si pure, si légère », c'est « respirer à trois mille mètres ». Qu'importe si, là-haut, l'oxygène est raréfié : sur ces sommets souffle un esprit pur.

Ainsi Évian incarne superlativement toutes les vertus de l'eau. Mais il y a davantage : son histoire, contée en termes de marketing et de publicité, résume celle de bon nombre d'aliments portés par la modernité et les changements radicaux qui se sont produits dans les modes de vie et de consommation au cours des trois ou quatre dernières décennies.

De la pharmacie au supermarché

En premier lieu, l'histoire d'Évian est caractéristique par l'itinéraire qui la mène de la pharmacie vers l'épicerie. La distinction entre les deux commerces est après tout récente. Jusqu'au XVIIe siècle au moins, l'apothicaire concentrait les deux fonctions : il vendait à la fois potions et épices, ces dernières étant doublement précieuses, par leurs vertus culinaires mais aussi médicinales. Nombre des aliments aujourd'hui les plus familiers ont d'abord été introduits avec un statut au moins en partie médicinal : le sucre pour commencer, les épices, puis le café et le chocolat, et même le Coca-Cola du pharmacien Pemberton, initialement censé être un tonique à l'usage des dames migraineuses.

Eau de cure, Évian commence par élargir son usage et garantir sa légitimité, dès l'avant-guerre, en tant « qu'eau du biberon », vendue en pharmacie. Elle conquiert une double légitimité paramédicale : celle que lui confère l'allaitement artificiel, façon moderne de nourrir les bébés (l'art d'accommoder les bébés variant au fil du temps, on remettra quelque peu en cause plus tard ces conceptions pour revenir au moins idéalement au sein maternel) et, du même coup, la garantie de la pureté et de la digestibilité absolues. Dans les années cinquante, l'eau d'Évian est présentée dans les campagnes de publicité comme « si pure, si légère » (affirmation garantie par la reconnaissance des nurses, infirmières et autres sages-femmes) qu'elle peut désormais dans le même mouvement devenir l'eau que la mère, responsable de sa couvée et du foyer, peut servir avec confiance à toute la famille, enfants comme adultes. Au début du siècle, il est vrai, on vantait déjà sa légèreté et sa digestibilité et surtout le fait... qu'elle ne troublait pas le vin comme certaines de ses concurrentes.

Ce n'est qu'en 1960 qu'Évian quitte définitivement le territoire exclusif de la pharmacie pour gagner celui de l'épicerie puis, avec l'avènement des grandes surfaces à la fin de la décennie, celui de la grande consommation, à la faveur de cette révolution de la technologie et de la distribution : la bouteille en PVC (polychlorure de vinyle).

Un autre produit, hier paramédical, aujourd'hui de masse, a connu un itinéraire voisin : le yaourt. Lui aussi fut jadis vendu en pharmacie et paré de vertus médicinales et sanitaires. Élie Metchnikoff, prix Nobel de médecine 1908 et père fondateur de l'immunologie, voyait dans ses ferments la cause de l'hypothétique longévité des centenaires bulgares. Quoiqu'il ait quitté les pharmacies plus tôt qu'Évian, le yaourt est lui aussi devenu un produit de masse dans les années soixante, grâce aux linéaires réfrigérés des grandes surfaces et aux possibilités nouvelles de la logistique moderne, grâce aussi aux faveurs féminines.

L'expansion du féminin

Médicale et enfantine, l'eau minérale, celle d'Évian en particulier, est en effet aussi avant tout un produit féminin : là encore, le parallèle avec le yaourt est frappant. Entendons qu'il s'agit d'un produit porté, soutenu, adopté et propagé par la femme, pour son usage et celui de ses proches. Un homme d'affaires britannique, dirigeant d'une firme de distributeurs automatiques, raconte que sa représentante en France, lors de ses visites au siège londonien, étonnait toujours par son comportement en réunion. À l'encontre des autres participants, elle refusait en effet le café rituel, extrayant de sa serviette une bouteille d'Évian. Poursuivons le parallèle avec le yaourt. Lorsque Danone, il y a quelques années, lance Bio, la marque appuie le produit sur une campagne à destination manifestement féminine. L'accent est mis sur les effets « cosmétiques » de Bio. Mais le nouveau produit ne se satisfait pas de conférer la beauté, en tout cas pas une beauté purement superficielle. L'apparence, nous communique-t-on, repose sur une réalité profonde, intérieure : le bien que Bio fait « à l'intérieur se voit à l'extérieur ». Allusion transparente pour de nombreuses femmes : cet « intérieur » est à la fois spirituel sinon moral et prosaïquement organique. On suggère que Bio agit favorablement sur ce mal secret de la gent féminine : la constipation... Évian de son côté, sans le dire davantage, s'appuie sur près d'un siècle et demi d'indications médicales. Depuis les années trente au moins, seuls les curistes en ont cure : l'eau de la source est souveraine contre les troubles urinaires. Là encore, de nos jours, il s'agit d'une préoccupation volontiers féminine. Mais, comme dans le cas du yaourt, l'eau minérale, celle d'Évian en particulier, a des vertus cosmétiques, que traduit d'ailleurs le fait qu'elle peut s'administrer par voie orale comme par voie externe (brumisateurs, produits de beauté, etc.). Décidément, ce qu'elle vous fait se voit aussi bien à l'intérieur qu'à l'extérieur.

L'âge de l'équilibre

Pure et légère, liée à la montagne, c'est-à-dire aux hauteurs de la spiritualité, l'eau d'Évian va bientôt, à l'orée des années quatre-vingt, s'approprier de façon prophétique un thème fondamentalement symbolique de tout le rapport à l'alimentation et au corps des dix ou quinze années à suivre : celui de l'équilibre.

C'est au début des années quatre-vingt que la campagne est lancée : « c'est bon, l'équilibre ». L'équilibre est devenu le maître mot, la valeur cardinale, l'alpha et l'oméga de la beauté, de la santé, entendue à la fois comme *sanitas* et comme *sanctitas*. Toutes les enquêtes le montrent : la préoccupation centrale, essentielle du consommateur en matière alimentaire est devenue de plus en plus qualitative et non plus quantitative comme dans l'après-guerre, où l'on craignait avant tout de manquer. Avec les trente glorieuses, l'élévation du niveau de vie, le développement de la grande distribution, les nouvelles couches moyennes se préoccupent de plus en plus de la qualité à la fois diététique et organoleptique de leur alimentation. Jadis, il fallait « gagner son pain ». Dans les années soixante, on parlait surtout de « gagner son bifteck ». À partir de la fin des années soixante-dix, on parle moins d'aliments « nourrissants ». Il ne s'agit plus seulement de « se nourrir » (trouver assez de calories, des nourritures qui « tiennent au corps »). Il faut désormais avant tout savoir bien choisir, varier, diversifier, discriminer, mais aussi rationaliser. Le mot clé est désormais : é-qui-li-brer. Et derrière cette notion, il y a non seulement un mode de vie mais aussi rien de moins qu'une morale : une morale de la vie saine des plaisirs raisonnables, de la consommation sans excès mais sans concessions, du corps sain et de la sexualité paisible, de la nature et du confort. Dans le simple mot « équilibre », tient tout entier un bien-être bien tempéré, un bonheur maîtrisé.

Ce modèle de l'équilibre, initialement caractéristique des classes moyennes, se diffuse peu à peu dans l'ensemble des catégories sociales, d'autant que la composition sociale du pays change : les paysans sont passés en trente ans d'un quart à 5 % de la population active, la proportion d'ouvriers a baissé fortement, celle des employés et du secteur tertiaire a augmenté au point que ce dernier est désormais le premier fournisseur d'emplois – des emplois à très nette prédominance féminine. La révolution post-industrielle passe et le style de vie ancien trépasse. Dans cette nouvelle civilisation, les valeurs sont différentes. Ce qui était jadis considéré comme exclusivement féminin est désormais de plus en plus adopté par l'ensemble de la société. Les femmes doivent être non seulement minces mais aussi musclées et les hommes surveillent leur ligne. La pratique du sport ou de l'exercice s'étend. Les attributs alimentaires de la virilité ancienne tombent en défaveur : le gros rouge et la viande de même couleur, les nourritures « lourdes » reculent tandis que la nouvelle cuisine et ses avatars divers s'installent, flanqués des légumes verts, de la cuisson à la vapeur, du poisson cru ou cuit translucide, des fruits exotiques, des soupes de framboises, des « épices douces » et, plus récemment, de l'huile d'olive et de son cortège de bienfaits à la fois gourmands et méditerranéens. Auprès de ces modèles gastronomiques proprement extraordinaires, le yaourt et l'eau minérale prennent leur place, qui est celle de l'ordinaire, du quotidien.

L'équilibre et après ?

L'équilibre a soutenu la communication d'Évian pendant plusieurs années. Mais par la suite, Évian et ses publicitaires semblent avoir éprouvé des difficultés à isoler un thème aussi efficace, aussi puissamment en phase avec les valeurs « de pointe » de l'évolution civilisationnelle que ne l'était « l'équilibre ». Les stratèges de la communication, à l'évidence, se sont creusé la cervelle, sans jamais véritablement retrouver le « filon » des années quatre-vingt. On a tenté de renouer avec la montagne : elle vous communique, on l'a vu, la puissance des forces telluriques. Cette thématique quelque peu *new age* (le grand Tout, l'unité de l'Homme et du cosmos) ne semble pas avoir été définitivement abandonnée dans les campagnes récentes, du moins dans la manière d'illustrer le nouveau « concept » : « l'eau que vous buvez est aussi importante que l'air que vous respirez ». Pour illustrer cette affirmation forte, voici un corps féminin qui n'est pas sans rappeler, une fois de plus, celui que nous offrent les « spots » de Bio. Il flotte doucement dans un espace indéterminé (cosmique, intersidéral, stratosphérique ?). Et le spectateur de s'interroger : cette Ève nue comme aux origines, repliée sur elle-même comme un fœtus, tournoyant lentement, en apesanteur, ne flotte-t-elle pas bien au-dessus des cimes alpines, bien au-dessus des nuages, à des hauteurs abyssales ? À moins que ce ne soit dans des profondeurs liquides et régressives, quasi amniotiques. Hauteurs béantes ou profondeurs vertigineuses ? Dans ce Grand Bleu, on hésite entre l'asphyxie du vide et la noyade ophélienne.

Œnologues et vignerons

Enfin l'œnologue vint et le vin devint meilleur. D'abord, il maîtrisa la fermentation, identifia et chassa un à un les défauts du vin. Bientôt, il découvrit même quelques « trucs » qui le rendaient plaisant au plus grand nombre. Devenu le maître sinon « l'auteur » du vin, voici qu'il appose sa griffe jusque sur les étiquettes...

Du fond du cœur, merci à l'œnologie. Mais il est temps maintenant de se retourner vers la vigne et sa culture : il faut comprendre la relation complexe entre la plante, le sol et le sous-sol aussi bien que l'on maîtrise la vinification. Le mot « terroir » roule dans toutes les bouches comme un gargarisme : mais si l'alchimie du vin se réduit à une chimie de laboratoire, il est aussi creux qu'une barrique débondée.

VIII

SCANDALE À GISCOURS OU L'ANATOMIE D'UNE « BULLE » MÉDIATIQUE

Un scoop et des ronds dans l'eau

Tout procède d'un scoop du *Monde*, paru le 1er juin 1998[1] sous la signature de Pierre Cherruau. L'affaire est jugée suffisamment sérieuse pour bénéficier d'un « appel » en une : « Vignoble de Bordeaux : les exploitants d'un margaux accusés de fraude ». L'article indique que « plusieurs responsables de l'exploitation de Château-Giscours » ont été mis en examen pour « des faits d'escroquerie et de tromperie sur la qualité ». Les conséquences, estime l'auteur, si les faits étaient confirmés, « porteraient un coup terrible » à l'appellation mais aussi à l'ensemble du vignoble bordelais. Une grande partie de l'article est consacrée aux difficultés financières récentes du domaine et en particulier à « la que-

1. Et daté du 2.

relle familiale » qui déchire la famille Tari, propriétaire du domaine, face au repreneur néerlandais de la société d'exploitation, Éric Albada.

Suivent des précisions sur les pratiques illicites en cause : une « vilaine affaire de "douelles" (des planches ou des copeaux de chêne) plongées dans des cuves » ; l'utilisation de lait, qui « permet d'enlever certaines odeurs désagréables » ; l'ajout d'eau ; « certains acides utilisés pour corriger la saveur du vin [...] strictement interdits notamment si l'on a eu recours à la chaptalisation ». La fraude « suspectée ou établie porterait sur plus de 1400 hectolitres ». Un détail sera largement repris par la presse : les livres de chais étaient « tellement bien tenus que tout y était mentionné, y compris les pratiques et les produits illicites ». L'enquête du SRPJ de Bordeaux « a également permis d'établir que le nouveau maître de Giscours aurait autorisé des pratiques sacrilèges, comme des mélanges de millésimes ou le passage de haut-médoc en margaux » [1].

---

1. À la date où nous mettons sous presse (octobre 1999), aucune de ces accusations n'a donné lieu à une condamnation de la société exploitant le domaine de Château-Giscours. Celle-ci, en revanche, a obtenu la condamnation pour diffamation de plusieurs publica-

Ce dernier point seul est confirmé, dans une interview, par Jean-Michel Ferrandez, ancien directeur du domaine, qui reconnaît avoir « pris du vin de parcelles d'une propriété classée en Haut-Médoc, avec de vieilles vignes, pour renforcer le second vin de Giscours fait à partir de jeunes vignes qui manquaient encore de générosité ». Ce n'est que dans une « brève » parue dans le numéro daté du 4 juin que figurera le nom de la Sirène de Giscours, le second vin en question.

Les agences prises à froid

Le 1er juin est férié : les agences de presse sont sans doute prises quelque peu à froid. Elles se doivent néanmoins de réagir rapidement. Reuters le fait le soir même, dans une dépêche datée de 23 h 17 (heure de Paris), Associated Press et l'AFP quelques heures plus tard, le 2 juin [1].

---

tions, en appel pour l'affaire des « douelles », en première instance pour les autres. Les poursuites concernant l'échange illicite d'une cuve de margaux contre une cuve de haut-médoc sont toujours en cours d'instruction.

1. La chronologie établie ici repose sur un échantillon peut-être incomplet de dépêches d'agences.

Reuters rapporte des « mélanges d'appellations et de millésimes avec des vins de qualité inférieure » et de la « chaptellisation » (*sic*). La dépêche indique bien que l'affaire a été révélée par *Le Monde*, mais s'appuie sur une « source judiciaire » anonyme. Certains détails seront contredits par la suite (« le domaine compte 240 hectares, dont 70 plantés de vignes ». La brochure publicitaire du château parle des « 85 hectares du vignoble de Giscours », dont 78 en production, « enchâssés dans 300 hectares de prairies, de forêts et de marais ») et d'autres sont erronés (Nicole Tari est présentée comme la sœur de Nicolas Tari alors qu'elle est sa fille et la sœur de Pierre Tari).

Associated Press, dans son « fil » en français, quelques heures plus tard (2 juin, 3 h 57, heure de Paris), cite également une « source judiciaire ». La « chaptellisation » de Reuters est devenue « surchaptalisation ». Peut-être parce que la « source judiciaire » est la même, les erreurs de Reuters apparaissent également dans la dépêche d'AP. En revanche, les 1400 hectolitres du *Monde* sont ramenés à « 160 hectolitres de haut-médoc transférés dans une cuve de margaux ». Les noms des deux mis en examen sont écorchés, ceux des avocats également.

L'AFP, dès sa première dépêche, fait montre de prudence. La source citée est « l'avocat du propriétaire de la société d'exploitation ». Deux mises en examen seulement sont confirmées. On précise les seuls faits poursuivis : « avoir mélangé le contenu d'une cuve de haut-médoc au second vin de Giscours, qui porte le nom "la Sirène de Giscours" ». *Le Monde* n'est pas cité.

Une dépêche postérieure plus étoffée, signée Michel Sailhan, fait la synthèse des informations disponibles, montrant dans ses commentaires un souci d'éviter une dramatisation exagérée : « Si l'affaire Château Giscours a aussitôt fait grand bruit, du fait de la notoriété de l'étiquette, elle n'en est pas moins un cas isolé sur fond de querelle familiale qui renvoie plus aux romans de Mauriac qu'à un scandale de portée nationale. »

Dans son service en anglais, le mardi 2, AP fait montre de moins de réserve. Le titre claque : « *Wine and Punishment* » (« vin et châtiment », avec une assonance entre *wine* et *crime*). Sous-titre : « De l'eau et du sucre dans le vin de Château Giscours ». Les « *Bordeaux Wineries* » (le CIVB) ont « demandé aux autorités de sanctionner sévèrement deux collègues accusés d'avoir commis le crime suprême de la profession : ajouter de l'eau, entre autres choses ». Les emprunts au *Monde* (qui est cité) sont nombreux, mais ce sont, une fois de plus, des « sources judiciaires » qui sont invoquées.

Cacophonie audiovisuelle

Les radios reprennent les informations du *Monde* dès 18 heures le 1er juin. Comme souvent, leur première réaction consiste essentiellement à obtenir des commentaires autorisés de la part d'experts : en l'occurrence, il s'agit de sommeliers, de critiques, de représentants d'organisations professionnelles, jamais ou presque d'œnologues. Ces interlocuteurs, sans doute pris à froid, se déclarent tantôt très étonnés (quand ils ont des responsabilités syndicales), tantôt pas étonnés du tout (quand ils n'en ont pas).

Le 2, la nouvelle est reprise par toutes les radios, puis par les télévisions [1]. Au journal de France 2 à 20 heures, Daniel Bilalian annonce la

1. L'analyse des médias audiovisuels a été effectuée sur la base d'un relevé systématique des émissions (« pige ») de la société *La Voix des médias*.

mise en examen du P-DG de la société d'exploitation, Éric Albada, avec celle de « l'ancien gérant ». M6 donne la même nouvelle dans son « Six minutes ». Entre-temps, Europe 1 a fait de Château Giscours « le plus prestigieux vin de Bordeaux » et Canal Plus, dans un flash, a parlé de « l'affaire du vin bordelais Château Margaux ». À 21 heures, France Info titre de façon expéditive sur Jean-Michel Ferrandez : « À Bordeaux, le *mea culpa* d'un coupeur de vin en exil ». Avant même que les faits soient établis, les radios cherchent à « élargir le débat » en conviant des « spécialistes » ou des « experts » à s'exprimer sur la qualité (RMC) ou sur les prix des vins français (RTL).

Les quotidiens : desk *plus que terrain*

Le 2, les quotidiens nationaux semblent eux aussi avoir manqué de temps pour réagir et approfondir l'affaire. *Libération* titre que « Giscours aurait mis du lait dans son vin » et rapporte que le château, joint la veille, s'est « abstenu de tout commentaire ». Le lendemain 3 juin, Vincent Noce a réussi à joindre Jean-Michel Ferrandez et apporte des éléments nouveaux. L'un d'eux est utilisé dans le titre comme s'il s'agissait d'une charge supplémentaire : « On ajoutait de la caséine. » Ferrandez reconnaît avoir su que, avant son passage au château, « il avait effectivement été ajouté de la caséine de lait dans le vin pour tenter d'enlever des odeurs de moisi ». Il nie cependant avoir entendu parler de « mélanges de millésimes ; et si de l'acide a été ajouté à des vins chaptalisés, cela s'est fait avant ou après [lui] ».

Le même jour, *Le Figaro*, qui, la veille, n'avait publié qu'un montage de dépêches créditées à l'AFP, a quelque peu étoffé son traitement, sous la signature de Claude Jouanne. Mais les informations reprises, quoique datées de Bordeaux, ne sont pas différentes de celles des agences et du *Monde*. Ce papier, contrairement à celui de la veille, précise cette fois que la fraude admise porte sur le second vin du domaine, mais toutes les autres accusations figurent également (eau, lait, acide tartrique, mélange de millésimes).

Pour *L'Humanité*, qui titre « Tromperie sur un grand cru classé », les douelles sont devenues des « rouelles, ces copeaux de chêne introduits dans les cuves pour donner au vin ce goût caractéristique... ».

Il faut attendre le 5 juin, dans *France-Soir*, pour voir un grand quotidien national faire état d'un déplacement sur les lieux (il restera d'ailleurs le seul). Charles Péry, le correspondant bordelais, s'est rendu à Giscours. Il y a rencontré « l'homme de confiance » néerlandais d'Éric Albada, a pu juger sur place des effets du conflit inextricable qui déchire la famille Tari et en oppose certains membres au « fermier » néerlandais. Il a même goûté le vin incriminé et lui trouve « une très belle couleur et un parfum très boisé. Bref, un vin prometteur ». Un encadré consacré aux « seconds vins » complète la présentation de l'affaire.

Copier/coller

La presse quotidienne régionale, quant à elle, choisit massivement le *desk* contre le terrain. À quelques exceptions près, elle se borne à reproduire, quelquefois *in extenso*, les dépêches d'agence. Les coquilles et les erreurs sont parfois reprises telles quelles, d'autant que le « fil » arrive aujourd'hui par la voie électronique : ainsi *Les Dernières Nouvelles d'Alsace* ont procédé à un simple « copier-coller » informatique, reproduisant le texte et du même coup l'orthographe erronée (« Giscourt ») d'un paragraphe de l'AFP. *L'Yonne républicaine* a fait de même mais a généralisé la coquille à l'ensemble du papier. Quant au *Républicain lorrain*, il a utilisé l'orthographe fautive dans un titre.

Le choix entre les agences est probablement affaire d'heure de bouclage. Ainsi *Nice Matin*, le 2 juin, présente un montage de dépêches dans lequel nous reconnaissons l'information Reuters AP sur la surface du domaine (240 hectares, dont 70 en vignobles). Mais, le 3 juin, le quotidien niçois prouve qu'il est bien abonné aussi à l'AFP, reprenant la production de la veille de l'agence parisienne. Dans l'ensemble des quotidiens de ce jour, c'est la matière première de l'AFP qui sera la plus utilisée (la plupart du temps sans mention). C'est le cas, entre autres, de *La Dépêche du Midi*, du *Midi libre*, de *La Provence*, de *Paris-Normandie*, du *Télégramme de Brest*, de *La Voix du Nord*, de *La Montagne*, du *Berry républicain*, du *Journal du Centre*, du *Républicain lorrain*.

Sud-Ouest, en première ligne par la force des choses, se distingue en ne se contentant pas du « fil ». Le 2 juin, le journal présente un prudent exposé des faits. Les accusations portent, selon lui, sur le transfert de haut-médoc dans le margaux (on précise même qu'il s'agit d'une cuve portant le n° 32). Il n'est pas fait mention de lait, d'acide ou d'autres substances, mais seulement d'investigations en cours sur l'éventuel ajout de produits destinés à « gommer » quelques imperfections qualitatives. Pas question non plus, il est vrai, du second vin. *Le Monde* n'est pas cité. Le 3, la parole est à la défense. « La riposte » : le propriétaire porte plainte à son tour. Lait ? « C'était de la caséine, qui est autorisée. » Acide tartrique ? « C'était de l'acide métatartrique, qui est autorisé. » La Sirène de Giscours est mentionnée. *Le Monde* aussi.

On note souvent que, dans la presse, les titres et la copie sont en contradiction par le ton ou même le fond. C'est que les rédacteurs n'ont pas la maîtrise de la « titraille ». Le choix en incombe au secrétariat de rédaction (parfois à la rédaction en chef), de même que celui des coupes ou corrections éventuelles dans le texte. Par nature, la fonction incline moins à privilégier la nuance que la formule choc, la complexité que la simplification. Dans notre affaire, on trouve parfois, en outre, le même décalage entre la copie et les illustrations. Ainsi *Le Midi libre* du 3 juin reprend la matière de l'AFP et l'illustre par quatre « infographies » sur des « pratiques prohibées » dont il n'est nullement question dans le texte : la chaptalisation [1], le coupage, le « boisage » par copeaux ou planches, l'adjonction de lait. La même infographie, dont la source n'apparaît pas, est publiée notamment dans *La Provence*, *Le Républicain lorrain*, mais aussi... le *Sing Pao Daily News* de Hong-Kong.

Les hebdomadaires : tirer les « leçons »

Ainsi, les médias d'actualité immédiate ont souvent fait passer la rapidité et le commentaire avant la vérification et l'approfondissement des informations factuelles. Pour les hebdomadaires, il s'agit de prendre du recul ou de la distance par rapport à l'événement, de produire une analyse qui tende à « mettre en perspective », à « tirer les leçons ». Il leur faut surtout « trouver l'angle » qui donne à leur discours une dimension de nouveauté par rapport à l'information « immédiate » des jours précédents.

1. La chaptalisation, ou addition de sucre avant ou pendant la fermentation est autorisée mais réglementée.

Les « angles » choisis sont divers mais, la plupart du temps, ils ne passent pas davantage par des vérifications factuelles. *L'Événement* du 11 juin, sous la signature de Claire Billet, joue la carte du consommateur offensé : « Les autres magouilles du bordeaux – On nous prend pour des caves, il n'y a pas que Château Giscours. » L'article est une compilation des archives scandaleuses du vin de Bordeaux : on y rappelle en détail l'affaire Cruse de 1973 et, sans guère de distinction, toutes sortes d'autres scandales avérés ou soupçonnés : nitrure de sodium en 1975, « châteaux fantômes » en 1983, fraude de coupage en 1988 (« il est de notoriété publique que, durant la période des vendanges, un curieux manège de camions-citernes se fait dans la région de Bordeaux »), faux bordeaux et « châteaux imaginaires » la même année, disparition de capsules et d'étiquettes en 1994, etc. Dans ce contexte, les faits de l'affaire Giscours, à défaut d'être vérifiés, se chargent de vraisemblance. La conclusion tirée est qu'il faut « épurer une profession des quelques brebis galeuses qui ternissent une réputation en or ».

On a vu qu'un texte relativement modéré et balancé peut être surmonté d'un titre tonitruant : les « appels » en couverture, pour des raisons évidentes, sont particulièrement stridents. À cet égard, la palme revient sans doute à *Marianne* du 22 juin : « Y a-t-il encore du raisin dans le vin français ? »

Marianne a pris tout son temps : c'est le 22 juin que sort le papier de Périco Légasse. À travers l'affaire Giscours, mais aussi celle des hospices de Beaune, c'est tout le vin français qui est mis en cause. Le problème, selon l'auteur, se pose ainsi : « la viticulture est en train de devenir une industrie, et [...] elle en crève, à force de se plier aux lois du marketing et de la facilité ». Les motivations des « truqueurs » sont renvoyées à « l'appauvrissement des sols consécutif au long et constant empoisonnement des terres à vigne par la chimie agricole », à « l'excès de technomécanisation des cultures et des vinifications », à « l'obsession du profit et de l'enrichissement facile », aux « méthodes de clonage, d'apprenti sorcier ».

« *Téléphone arabe* »

Dans le jeu du « téléphone arabe », le message initial, répété de bouche à oreille, est de plus en plus déformé au fur et à mesure que l'on s'éloigne de la source initiale. Il en va un peu de même dans l'affaire Giscours, encore que les sources et les tropismes journalistiques ne soient pas différents d'un pays à l'autre. Le réputé chroniqueur œnologique du *New York Times*, Frank Prial, reprend à son compte pour l'essentiel les accusations rapportées par *Le Monde* et les agences anglophones en les dramatisant encore (« un des plus grands scandales sur le vin de Bordeaux depuis des décennies »). En tête de son premier papier, un sous-titre résume ainsi les accusations : « Une grande étiquette ajoutait du vin bon marché, du sucre et des copeaux de bois. » On retrouve les mêmes thèmes dans la presse asiatique, du Japon à Taiwan et de Hong-Kong à Singapour, qui reprend essentiellement, en essayant avec plus ou moins de difficulté de les « expliquer », les dépêches de Reuters et Associated Press.

La presse britannique, y compris la « *quality press* » que l'on oppose habituellement aux tabloïds à scandale, se régale de titres sardoniques : « *Now it's Chateau au lait* », « *Bordeaux, Blackmail and Sour Grapes* » (Bordeaux, chantage et raisins aigres). Quant à l'honorable *Guardian* lui-même, trompé par l'appellation, il confond simplement Château Giscours et Château Margaux.

La presse allemande, s'appuyant sur *Le Monde* et la Deutsche Presse Agentur, produit néanmoins un récit de son cru. Les thèmes de l'artifice et de l'impureté la mobilisent tout particulièrement : ainsi, pour le *Hamburger Abendblatt*, les fraudeurs ont ajouté au vin des « renforçateurs de goût » chimiques. La *Süddeutsche Zeitung* affirme sarcastiquement que, « comme aux noces de Cana, on peut changer l'eau en vin », en ajoutant « dans le bon ordre et les bonnes proportions, sucre, colorant, levure et acide ». Et de raconter l'histoire de ce vigneron qui, sentant sa mort venir, convoqua ses fils pour leur confier un secret : « On peut aussi faire du vin avec du raisin... » Le journal économique *Handelsblatt* relate le témoignage de ce « spécialiste du bordeaux » qui, depuis longtemps, avait rayé Giscours de ses tablettes car « il était trop difficile de le distinguer d'un jus de framboises ». Le journal ajoute que de « lourdes charges pèsent sur l'ancien P-DG, Pierre Tari » et indique que les « analyses chimiques ont confirmé les soupçons ».

Rhétorique, mythologies, magie

L'affaire ne « fonctionne », n'a d'intérêt médiatique, que si elle « colle » à des stéréotypes, si elle se moule dans certaines matrices préconstruites de la rhétorique et de la narration médiatiques, bien reconnaissables, qui déclenchent et entretiennent anxiété et indignation.

Ce que l'on reconnaît immédiatement dans le récit médiatique, ce sont les éléments d'un thème essentiel : le scandale. Reprenons les titres les plus courants et les plus « efficaces » : « Soupçons sur un grand cru » ; « Le grand bordeaux était trafiqué » ; « Grand cru frelaté : scandale dans les vignobles du Médoc », etc. La figure du scandale procède du rapprochement soudain et explosif d'une turpitude commune et d'une instance prestigieuse, du noble et de l'ignoble. La fraude n'a donc d'effet véritablement scandaleux que si elle concerne un vin prestigieux, une référence. Ici, le prestige est à la fois incarné et enrichi par les grands noms (Giscours, margaux, bordeaux) et les connotations glorieuses qui s'y attachent. D'où, comme le note *Le Point*, « l'hypersensibilité des médias – et de l'opinion – à tout ce qui touche bordeaux et ses crus classés ». Ce qui ne serait qu'une péripétie minable dans la plupart des autres vignobles devient un scandale quasi planétaire dans le Médoc.

C'est sans doute pourquoi le fait que l'affaire porte sur le second vin a tant de mal à « passer » dans les médias mais aussi dans la conscience des lecteurs : si le second vin seul était touché, le scandale ne serait-il que de second ordre ? La substance scandaleuse de l'affaire tend à occulter les informations qui pourraient atténuer son éclatante noirceur. Considérons un instant le traitement accordé par l'hebdomadaire *Le Point* (6 juin 1998, sous la signature de Jacques Dupont et sous le titre « Le lait de Margaux »). Plutôt plus réservé et prudent que la moyenne, il fait exception à la tendance dramatisante : « Tout cela est plus minable que pendable. » Mais, pour un peu, l'auteur semblerait tenir rigueur à Giscours de n'avoir fraudé « que » sur son deuxième vin : « il s'agissait "d'arranger" le second vin (même pas le premier !), pour le rendre agréable, sinon buvable ». Ainsi, la fraude ne portant « même pas » sur le premier vin, l'affaire est « plus lamentable que dramatique » et journalistiquement moins exploitable.

Si l'affaire s'épuise assez rapidement, du moins sur son versant journalistico-médiatique, c'est que, précisément, assez vite, les accusations et les faits nouveaux se tarissent. Toutes les nouvelles informations tendent au contraire à réduire l'ampleur et la gravité des accusations formulées initialement. L'incitation à en faire état est donc faible : non seulement ces informations passeraient pour des « mises au point » remettant en cause la crédibilité des médias, mais elles saperaient les ressorts essentiels de l'intérêt, anxiété et surtout indignation.

La volatilité, c'est-à-dire à la fois l'ampleur soudaine et la dissipation rapide de l'affaire, procède donc de ce double mécanisme : d'une part la situation initiale « colle » avec des figures classiques du genre journalistique ; mais d'autre part, au-delà du « scandale » de départ, le récit médiatique « cale » rapidement, faute de données nouvelles autres que la remise en cause – inexploitable – des premières informations.

« Sophistication », authenticité, identité

Deuxième thème, indissociable du premier : le trucage, la falsification, ce que l'on appelait jadis la « sophistication » des aliments (ici du vin), et qui s'oppose à une sorte de vérité essentielle et éternelle, à *l'authenticité*. C'est notamment le thème central du réquisitoire de Périco Légasse dans *Marianne* : la technique, ses artifices et ses facilités contre l'authenticité, la vérité laborieuse du terroir et des hommes. C'est que le vin doit rester à l'image du pays, de sa terre et de ceux qui s'y enracinent : le falsifier, c'est laisser se dissoudre avec lui l'identité même de la France et des Français.

La falsification comme le scandale renvoient, dans l'imaginaire collectif, à des thématiques à la fois profondément archaïques et profondément contemporaines. Derrière la figure mythique du scandale, il y a la vision implicite d'une corruption généralisée, « qui ne respecte plus rien ». Cette thématique immémoriale de la corruption du pouvoir par la richesse ou la luxure, de la collusion des hautes sphères et des bas-fonds est aussi suprêmement contemporaine : sa dimension politique resurgit avec une acuité particulière à certaines époques, et notamment aujourd'hui, dans la remise en cause radicale et indifférenciée de la politique, de son personnel et des fondements mêmes de la Cité.

Un peu de margaux sur votre vache folle ?

« Vous prendrez bien un peu de margaux sur votre vache folle ? », ironise *Nice-Matin*. Le télescopage de ces deux affaires, ainsi ramenées à un degré de gravité voisin, est significatif. Ici encore, nous rencontrons une thématique à la fois très archaïque et très contemporaine.

Les aliments que nous consommons sont de plus en plus transformés par l'industrie, hors de notre vue et de notre conscience, de sorte qu'une distance symbolique croissante nous sépare d'eux. Nous ignorons tout de leur histoire, de leur origine, et cette ignorance inquiétante se traduit par une formule constamment répétée : « on ne sait plus ce qu'on mange ».

Or (et là réside la dimension archaïque et magique) nous sommes convaincus intimement, magiquement, que *nous sommes ce que nous mangeons*, qu'un rapport d'identité, d'analogie nous lie à ce que nous absorbons. Quand nous sommes particulièrement en forme, nous disons que nous avons « mangé du lion » et, symétriquement, nous soupçonnons les végétariens de n'avoir guère de sang rouge dans les veines. Dès lors, si nous sommes ce que nous mangeons et si nous ne savons plus ce que nous mangeons, le risque est grand de ne plus savoir ce que nous sommes.

Le vin est une substance mythique et sacrée (n'incarne-t-il pas le sang du Christ ?). Qu'il soit en cause à son tour, voilà qui constitue un bouleversement plus radical encore. Que ce vin soit du bordeaux, un grand bordeaux, référence première et ultime en la matière, et ce sont tous nos repères dans cet univers qui s'effondrent, sous nos pieds et sur nos têtes.

Tout se passe comme si l'ébranlement de ce parangon de qualité et de noblesse que représente le vin de Bordeaux mettait un comble à une crise profonde : celle de l'alimentation moderne, marquée par les stigmates de l'agriculture intensive, de la pollution, du déséquilibre des écosystèmes, bref par les effets tragiques attribués à une malédiction de l'humanité contemporaine : la puissance de la technique conjuguée à la faiblesse morale.

Magie de contagion

Le vin, dans notre imaginaire, procède à la fois de la nature et de la surnature. L'homme n'est que son humble accoucheur. La profession d'œnologue, technique et récente, n'a guère encore de place dans la conscience collective : l'accoucheur du vin reste « le vigneron ». On situe traditionnellement la vérité du vin dans la vigne et le labeur agricole, plus volontiers que dans le chai. Ce qui se passe hors de notre vue, dans l'obscurité inquiétante de ce chai, peut éveiller notre méfiance. La mention de tout ajout est ressentie comme suspecte : voilà bien longtemps, par exemple, que la chaptalisation est perçue par l'opinion française comme une pratique indigne ou illicite. Lorsque les substances ajoutées s'appellent lait, sucre, eau, bois, elles renvoient à une « cuisine » indigne du vin. Qu'elles s'intitulent caséine ou acide et la déchéance est plus grande encore : l'imaginaire voit idéalement dans le vin le produit sublime d'une mystérieuse alchimie ; avec ces ingrédients, l'alchimie est ravalée au rang d'une prosaïque et vulgaire chimie. Le modeste accoucheur du vin s'est transformé, au mieux en médecin marron, au pire en docteur Frankenstein.

Autre trait magique : comme dans la magie, la contagion est au cœur de notre affaire. Dans les croyances magiques, ce qui a été en contact restera, de manière mystérieuse, toujours en contact, comme si une trace indélébile et invisible de ce contact avait été transmise. C'est ici une contagion nominale (par le nom) qui est à l'œuvre, se diffusant du bas vers le haut : le second vin contamine le premier, la Sirène contamine Giscours, Giscours transmet le mal à Margaux, qui le fait passer à Bordeaux, d'où le mal s'étend au vin français. Quand Bordeaux éternue, le vin s'enrhume.

Maquis et labyrinthes du vin

Les médias, c'est entendu, pataugent dans les arcanes et les mystères techniques du vin. Reconnaissons qu'ils ne sont pas les seuls. Le vin est un univers initiatique et en ce sens il repousse et attire en même temps le profane. L'affaire Giscours met en évidence la dimension vertigineuse des mystères du vin, qu'ils procèdent de la réglementation, de la technique ou simplement du vocabulaire. Il faut voir comme les auteurs de certains articles ou dépêches se prennent les pieds dans les AOC, s'emberlificotent dans les distinctions entre « appellations » et « classements », « crus » et « millésimes » : «... un mélange de crus voisins, de qualité inférieure » ; « Cette appellation [Giscours] multiplie les ennuis » ; «... les responsables de l'exploitation pratiquaient des mélanges entre du vin d'appellation et des millésimes ».

En France, chacun est réputé (de façon manifestement imméritée) posséder un minimum de culture du vin. D'où l'impossibilité, sous peine sans doute de déchoir, d'avouer une méconnaissance, une incompréhension, une ignorance en la matière. C'est vrai du discours médiatique, qui, plutôt que de chercher à faire de la pédagogie, adopte volontiers pour parler de vin un discours flou et un ton entendu – d'autant plus propice aux malentendus.

Ce que nous révèle aussi l'affaire Giscours, c'est l'un des effets boomerangs de la notion bien française d'appellation et de la réglementation qui s'y attache : elle « crée » paradoxalement de l'infraction là où, dans d'autres vignobles, il n'y aurait que de la bonne pratique. La presse professionnelle spécialisée l'a remarqué. Ainsi l'hebdomadaire britannique *Harpers – The Wine and Liquor Weekly* estime que les pratiques incriminées seraient considérées comme « *good winemaking* » en Australie ou en Californie. Et le chroniqueur œnologique du *Sunday Telegraph*, Robert Joseph, propose que les médias constituent des listes d'experts attitrés en matière de vin (sur le modèle des « consultants » militaires lors de la guerre du Golfe) à qui les rédactions feraient appel dans des situations de ce type, pour « éviter toute exagération inutile »...

It's perfect, it's Bordeaux

Il y a quelques années, la nouvelle arriva des États-Unis que certains échantillons d'eau Perrier étaient souillés d'infinitésimales traces de benzène. Le palais le plus exercé était incapable de détecter la présence du produit incriminé et les doses détectées étaient très loin de pouvoir présenter le moindre danger. Pourtant, la marque était menacée, en particulier aux États-Unis, où son slogan publicitaire était « *It's perfect, it's Perrier* ». La perfection n'autorisant par définition aucune approximation, une seule décision était donc possible : retirer purement et simplement toutes les bouteilles de la vente et les remplacer par un « nouveau » Perrier, pur, irréprochable, parfait. La manœuvre sauva la marque, quoique à un prix colossal. Un soupçon de benzène avait contaminé Perrier : les soupçons sur la Sirène de Giscours ont contaminé le nom de Giscours. Éric Albada a offert de racheter les bouteilles « impures » : les rituels de purification ont toujours un coût très élevé et leur efficacité est incertaine.

L'esprit humain cherche, si l'on peut dire, à « faire sens » de tout bois : il s'agit de mettre en ordre l'information qui nous parvient, de trouver sa pertinence, d'en séparer le « bruit » parasite. Pour cela, en première approximation, nous mobilisons dans nos têtes des matrices préfabriquées, des « moules » mythologiques, des stéréotypes divers. La presse et les médias ne procèdent pas différemment : ils nourrissent nos propres stéréotypes et s'en nourrissent. Mais ces « biais », ces travers de l'entendement humain, ne sont pas insurmontables : nous pouvons arriver à en prendre conscience et à les corriger, à redresser notre jugement.

Chacun attend de ceux qui font le vin qu'ils respectent scrupuleusement les « bonnes pratiques ». La même exigence s'applique-t-elle à ceux qui font la presse et les médias ?

Vin chauvin

« Ce vin est bon, dit un jour un client à un grand restaurateur parisien. Je m'y connais : je suis de Bordeaux. » Ainsi, la connaissance du vin procéderait de la naissance : patrimoine génétique ou apprentissage in utero ? *Les scientifiques ne manqueront pas de se pencher sur cette grave question. En tout cas, cette déclaration confirme ceci : les Français savent, ils ont le (bon) goût inné. Dès lors, chez eux, ils ne boivent que français ; en vacances à l'étranger, ils dédaignent les productions locales. Cette certitude étant partagée par de nombreux professionnels, il ne reste aux Gaulois qu'à s'indigner ou s'amuser de ce que l'Australie, l'Allemagne, la Californie, l'Italie, l'Espagne, le Portugal ou le Chili osent faire du vin, le boire et même, audace suprême, le vendre…*

IX

INCANTATIONS ET DÉCANTATIONS LA GRANDE DÉGUSTATION DES *VINTAGES* DU SIÈCLE

Nous sommes trois venus de France à Porto, ce 12 juin 1999, conviés à la dégustation des *vintages* du siècle. Encore y a-t-il parmi nous un Anglais. Trois parmi soixante-dix élus invités, en une sorte de pèlerinage planétaire, à converger vers ce Compostelle œnologique. C'est peu. Nous Français n'hésitons pas à écraser de notre condescendance les étrangers perdus dans les complexités inextricables de nos bordeaux ou de nos bourgognes – que nous sommes d'ailleurs souvent loin de maîtriser nous-mêmes. Mais nous préservons soigneusement une bienheureuse inconscience de nos propres ignorances, particulièrement insondables en matière de vin de Porto.

Le porto, pour les Français, est une boisson d'apéritif sucrée, bue par leur vieille tante de province ou par Jeanne Calment, la défunte doyenne de l'humanité. Ou encore une sorte de condiment liquoreux dont on peut éventuellement agrémenter un melon, à condition d'avoir la main légère (le risque, n'est-ce pas, est de gâcher le melon). Il y a sans doute beaucoup de centenaires et de vieilles tantes dans nos provinces, puisque la France est le second marché mondial pour le porto, après la Grande-Bretagne. Mais alors que les Français, en matière de produits agro-alimentaires, sont d'ordinaire réputés pour leur exigence de qualité, il n'achètent guère que du porto bas de gamme.

Les Anglais, qui ont « inventé » le porto, en connaissent plusieurs versions, dont deux se situent aux pôles opposés de la hiérarchie sociale. La première est populaire et féminine : c'est le *port and lemon* (porto-citron), bu hier plus qu'aujourd'hui dans les pubs, à base de *ruby tawny* (jeune porto d'assemblage). L'autre, plus huppée, *upper class*, est consommée au cours d'un rituel séculaire et masculin, qui consiste à faire passer une carafe de main en main dans le sens des aiguilles d'une montre, chacun se servant sans qu'elle touche jamais la table pendant son circuit. Dans la carafe, un *vintage port*, c'est-à-dire un porto d'un grand millésime officiellement « déclaré » tel par l'Institut des Vins de Porto, élevé deux années en barrique avant d'être mis en bouteilles pour poursuivre son vieillissement, comme les vins rouges que nous connaissons[1]. Pour un bon bec anglais, il n'est de porto que de *vintage*, à l'exclusion de tous les *tawnies* (vieillis uniquement en barrique et assemblés) et autres sucreries bonnes au plus pour les femmelettes ou les barbares continentaux[2]. Le rituel de la circulation du porto (*passing the port*) débute à la fin du repas, en particulier sur le fromage de Stilton et se poursuit ensuite en association avec le havane, généralement tard dans la nuit.

La noblesse ou le sacré

Le discours du vin se situe le plus souvent dans deux registres métaphoriques. D'une part la thématique aristocratique : les grands vins revendiquent « noblesse », « grandeur », « lignage ». Et d'autre part l'univers du sacré, de la liturgie :

1. Le porto est un vin muté, c'est-à-dire additionné d'une proportion d'eau-de-vie lors de la vinification. La fermentation est ainsi ralentie ou bloquée, interrompant la transformation du sucre en alcool.

2. Certains barbares continentaux dont je suis ont cependant des souvenirs éblouissants de dégustations de vieux *tawnies*.

dès qu'on déguste, il n'est plus question que de recueillement, de rite, de messe, de vénération, de célébration et les « nectars » sont toujours « divins ». Bref : le culte du vin élève l'âme.

Le thème aristocratique n'apparaît pas souvent dans la mythologie du porto, peut-être parce que ce vin-là oscille entre ses racines paysannes portugaises, dans la vallée du Douro, et son « élevage » par un négoce citadin, anglo-portugais, cosmopolite dans les *lodges* des grandes marques, dont les enseignes, cramponnées à flanc de raide coteau, illuminent la nuit de Porto, de l'autre côté du fleuve, à Vila Nova de Gaia.

On ne peut échapper, en revanche, au second thème – le discours du sacré. Ce qui nous réunit, *hic et nunc*, c'est bien une sorte de pèlerinage et un rite cérémoniel à part entière, une liturgie solennelle. Dans l'intitulé choisi pour l'occasion, *Vintages of the Century,* il y a quelque chose qui pourrait relever de l'humilité chrétienne (ou de l'*understatement* britannique) : le monde entier ne bruit que de la célébration d'un millénaire approchant et on ne nous propose, presque modestement, qu'un bilan du siècle…

Ainsi du monde entier ont convergé les pèlerins, celui-ci en tant que docteur de la foi à l'autorité universelle, celui-là comme zélateur actif ou potentiel, comme dévot reconnu ou même comme simple adepte. Du Japon est venu Shinya Tasaki, élu meilleur sommelier du monde en 1995, l'homme qui à lui seul ou presque a fait la gloire nouvelle du vin dans son pays. D'Amérique, voici James Suckling (au nom prédestiné : *to suckle,* téter), évangéliste des *vintages* au Nouveau Monde. D'Angleterre Jancis Robinson, médiatique et inlassable croisée du vin. Du Brésil, de Russie, d'Europe et d'Australie, d'Asie et de Californie, initiés ou novices avides de révélation, ils sont venus. Un journaliste polonais, rubicond mais blanchi sous le harnais, arrive de Varsovie à ses frais, en train. Trois Brésiliens bariolés, encore ahuris par le décalage horaire, débattent passionnément les vertus comparées des millésimes 63 et 70. D'autres, arrivés à l'avance, ont commencé leurs dévotions par la visite de la vallée du Douro, où naissent les vins qui donneront les *vintages* : c'est une terre intraitable, brûlante l'été, glaciale l'hiver, un paysage à la mesure du porto, à la fois d'une grandeur sauvage et intensément civilisé, maîtrisé, peigné.

Les matins qui décantent

Le jour dit, les fidèles convergent vers le *Palàcio da Bolsa* (palais de la Bourse) de Porto. Dans ce bâtiment d'architecture métallique tournant-du-siècle, on a aménagé pour l'occasion le vaste espace intérieur central éclairé par une haute verrière, autour duquel court une sorte de cloître. Autour de ce sanctuaire, sur de longues tables nappées de blanc, gardées par une armée d'officiants-sommeliers vêtus de noir, les bouteilles des trois cents vins s'alignent en rangs serrés et les milliers de verres sont disposés en motifs géométriques quasi militaires. Les sommeliers s'affairent silencieusement à orner chaque pied d'une collerette de papier où figureront le nom et le millésime du contenu. Les dégustateurs seront installés derrière un petit panneau à leur nom, devant de longues tables qui occupent tout l'espace central.

Les fidèles les plus zélés – ou les plus fraîchement convertis, dont je suis, sont présents dès le matin, pour assister à la grande décantation des trois cents vins par les cinquante maisons de porto qui les présentent. L'affaire est d'importance : les vieux *vintages* ont beaucoup de dépôt (jusqu'à un tiers de la bouteille). Il faut donc les décanter soigneusement dans une carafe (*decanter*) avant de transvaser à nouveau le liquide ainsi purifié et aéré dans sa bouteille d'origine. Mais l'opération implique que l'on ait au préalable résolu le délicat problème du débouchage : les vieux lièges se désagrègent, tombent en pluie poussiéreuse dans le vin. La technique traditionnelle la plus spectaculaire et la plus radicale est celle des pinces spéciales, chauffées à blanc et appliquées sur le col de la bouteille, que l'on peut ensuite briser d'un coup sec. Une équipe de télévision japonaise filme l'opération à grand renfort de projecteurs. Les instruments les plus divers et les plus ingénieux se côtoient – tire-bouchons à air comprimé, à lames, à spirales de pas variable... Un chef de cave à moustache décante en carafe traditionnelle, à la bougie. À quelques pas, un technicien en blouse blanche utilise des éprouvettes de laboratoire devant une ampoule nue. On se presse auprès des plus vieilles bouteilles, dans une atmosphère à la fois joyeuse et recueillie. La communauté du porto découvre les trésors de la concurrence : chacun profite de l'occasion pour goûter et comparer aux siens les millésimes les plus rares des confrères. Il est dix heures et l'atmosphère dans cette sacristie est déjà plus que gaie.

Le sanctuaire et l'office

La dégustation est prévue pour onze heures. Je m'installe à ma place dans le sanctuaire, derrière une nappe immaculée. Sur la table, un cahier à spirale imprimé qui attend mes notes de dégustation et un catalogue commenté des vins proposés. À ma gauche un dégustateur brésilien. À ma droite un journaliste russe, venu subir l'initiation. À terre, à côté de chacun d'entre nous, un vase où nous pourrons recracher les vins goûtés. Il s'agit maintenant de faire des choix, ce qui implique de déterminer une stratégie. Sur trois cents vins, combien peut-on en goûter ? Dans quel ordre ? Certains dégustateurs, athlétiques et chevronnés, sont capables d'aller jusqu'à cent cinquante. Mon parti, sage et rigoureux pour ne pas dire janséniste, est pris depuis longtemps : je ne dépasserai pas cinquante, je prendrai mon temps et je choisirai d'une part un échantillon des plus anciens des vins proposés, d'autre part cinq ou six exemples de chacun des plus grands millésimes, en essayant d'équilibrer autant que possible les maisons portugaises et anglaises. Il s'agit d'apprendre à reconnaître, si elles existent vraiment, les différences de style qui les opposeraient.

Reste la question cruciale : où commencer ? Classiquement, dans la plupart des dégustations, on cherche le crescendo : aller des plus modestes aux plus grands, et donc attaquer par les vins les plus jeunes avant de remonter le temps. En novice du porto, c'est ce que j'avais d'abord prévu. Mais le porto titre aisément 21° d'alcool. Surtout, les *vintages* les plus jeunes sont exubérants, éclatants de fruit, alors que les grands anciens se fondent, gagnent en sérénité, en sagesse et même parfois en austérité : le risque n'est-il pas, alors, de se « fatiguer » rapidement (euphémisme employé par les dégustateurs à propos, notamment, des effets de l'alcool) et de « s'éblouir » irrémédiablement les papilles ? Perplexe, je m'ouvre du problème à David Cobbold, puits de science œnologique et dégustateur réputé sur les cinq continents. Il me confirme que, en matière de porto, c'est bien de manière inverse qu'il est recommandé de procéder. Je commencerai donc par les deux 1900, en remontant jusqu'aux plus jeunes.

Mon voisin de gauche a adopté l'ordre inverse du mien et a choisi une bonne centaine de vins. Il paiera plus tard ce choix et m'avouera qu'il a un peu « bâclé » la fin de sa dégustation. À droite, Nikita, lui, a adopté une approche politique : il a choisi les millésimes des grands événements historiques – la révolution de 1905, celle de 1917, etc.

Je parcours le catalogue et construis ma liste. Un sommelier, affecté à chaque table recueille les commandes de chacun, par séries de six, consignées sur une fiche, comme dans une bibliothèque où l'on viendrait livrer les ouvrages au lecteur à sa place. Et bientôt les plateaux chargés des premières commandes arrivent. Mes six premiers verres brillent comme des joyaux sur la nappe blanche : deux 1900, deux 1927, un 34 et un 35. Dans chacun, deux doigts à peine d'un liquide qui va de l'ambré au rouge tuilé.

Plus que du recueillement, c'est une concentration intense qui s'installe. On entendrait le temps s'il n'avait suspendu son vol... Je saisis le cahier de notes de dégustation, bien décidé à prolonger par écrit pour l'avenir mes sensations. Je considère les deux quasi-centenaires, un Sandeman et un Ferreira. La couleur, ce n'est pas étonnant, est plutôt de *tawny* (le mot signifie fauve, doré, en anglais). J'incline le premier verre au-dessus de la nappe blanche, le faisant traverser par la lumière de la verrière. L'instant est à la capture de l'instant : puisqu'il doit filer, que ce soit goutte à goutte.

Les dégustateurs professionnels chevronnés reconnaissent les arômes qu'ils ont répertoriés, nommés et mémorisés au cours de leurs expériences de dégustation antérieures. Ils constituent et exploitent ainsi en permanence une sorte de « base de données » sensorielle et lexicale. Les notes qu'il convient de prendre dans ces conditions sont par définition stéréotypées : percevoir, reconnaître, identifier, c'est-à-dire rapprocher une sensation d'un mot ou d'une expression.

Pour le tendre amateur que je suis, le processus n'est pas d'une essence différente mais, la « base de données » étant plus réduite, la dégustation exige une certaine créativité ou si l'on veut, autorise des errements. Pour ma part, je la vis comme un exercice de mémoire perdu d'avance : fixer les mots à défaut des sensations, avec le vague et névrotique espoir de déclencher, à la relecture ultérieure, le mécanisme de la réminiscence. Une sorte de dispositif à retardement qui reviendrait à vouloir programmer l'explosion du temps retrouvé proustien. À moins que, plus simplement, il ne s'agisse d'un effort se situant à mi-chemin entre celui du diariste et celui du bureaucrate qui tient une « main courante »...

Quoi qu'il en soit, je note soigneusement dans mon beau cahier millimétré *ad hoc* :

Ano/Year : *1900*

Marca/Brand : *Sandeman*

Notas/Notes : *Très rouge encore, un peu terne, dans les tons gorge-de-pigeon. Nez fané, ténu, alcool. Deuxième nez : un peu de tabac et de cuir. Bouche : finesse, évanescence, fleurs, thé, agrumes passés. Quelques minutes plus tard, après avoir goûté le Ferreira 1900, retour à celui-ci : il ne reste plus grand-chose, tout s'est un peu écroulé.*

Ano/Year : *1900*

Marca/Brand : *Ferreira*

Notas/Notes : *Couleur de cognac, de* tawny *jaune doré. Robe très claire et très brillante. Nez très puissant ++. Cuir, quelque chose d'un peu floral et cendré en même temps. Bouche incroyablement riche encore, avec une dominante de fruits rouges (!), un peu abricotée ensuite. À l'aveugle, serait peut-être difficile à distinguer d'un* tawny ?

On retombe souvent, dans les commentaires de dégustations, sur les mêmes figures. D'abord – et c'est le cas avec ces vins antiques – on s'étonne toujours de la jeunesse des vieux et de la vieillesse des jeunes. Que le vieux Sandeman ait l'âge de son état civil, qu'il s'affaisse sous les outrages du temps, voilà qui prête peu à la glose. Mais que le Ferreira, son contemporain, soit encore si plein d'éclat et de vigueur, cela est admirable. Le vin est une plongée dans le temps qui donne parfois de l'espoir.

Ano/Year : *1963*

Marca/Brand : *Croft*

Notas/Notes : *Robe pourpre sombre, profonde. Nez de fruits sombres aussi (mais qu'est-ce que ça veut dire ?). Puissance, équilibre, fondu et complexité. J'ai croqué des amandes – un petit creux – et le goût de grillé chaud se fond complètement dans les arômes de torréfaction du vin.*

Ah, ces amandes ! Après trois quarts d'heure ou une heure de dégustation, les officiants ont déposé silencieusement sur les tables les petites soucoupes emplies de ces amandes grillées, non salées, encore toutes chaudes. Je me découvre une légère fringale naissante.

Entre deux séries de six vins, je me laisse aller confortablement sur le dossier de ma chaise, les jambes allongées et je croque, pour me refaire les papilles, une première amande chaude, qui explose doucement dans ma bouche, prolongeant avec une puissance stupéfiante les arômes du dernier vin dégusté, le Croft 63, qui finissait sur des notes de café, de pain grillé, de cigare chaud… La sensation me submerge si complètement que j'attends quelques instants avant de chercher à la renouveler. Une autre amande, presque prudemment, et l'effet réapparaît, à peine atténué…

La ligne de démarcation

Le silence. À peine un chuchotement de temps à autre pour rappeler l'empire qu'il exerce sur cet espace-temps. L'analogie s'impose irrésistiblement : la salle de lecture de la bibliothèque nationale, rue de Richelieu, avec son atmosphère studieuse, à peine troublée de quelques allées et venues, de frôlements de papier, de quelques mots à voix basse prompts à attirer un froncement de sourcil. Ici, de temps à autre, un photographe apparaît, fait claquer ses obturateurs.

Puis un cameraman, flanqué d'un éclairagiste qui brandit un projecteur. Éclats incongrus mais vite retombés.

J'ai exploré pieusement la première moitié du siècle, arrivant aux 45 et à un Calem 47 choisi uniquement, je l'avoue, parce qu'il est de l'année de ma naissance. Or il s'avère marquer un tournant dans ma dégustation. Les vins les plus anciens ont tous évolué dans la direction des *tawnies*, qui sont vieillis en fût et donc marqués par une oxydation contrôlée et subtile. Ce 47 est le premier dans lequel toutes les caractéristiques typiques des *vintage ports* sont présentes. Pas trace d'oxydation dans celui-ci : ce goût de pruneau et de pétales de rose, ces arômes de fruits amples, puissants, complexes, puis de cigare... Les 55 sont de plus en plus typés et j'arrive bientôt aux 63, puis aux 70, millésimes triomphaux.

Il me semble bien trouver une ligne de partage entre les maisons portugaises et anglaises. Les Croft, Cockburn, Taylor, Gilbert's, Dow's d'un côté, les Poças, Fonseca, Niepoort, Calem, Noval, Ramos-Puito de l'autre. Mais comment nommer, définir la différence ? À défaut des caractéristiques précises que repérerait et identifierait un « pro », me viennent des mots, des formules : sobriété, rigueur, austérité du côté anglais ; plus d'éclat, de gourmandise, de volupté de l'autre. D'un côté du tabac et du vieux cuir, des effluves de cigare chaud dans un escalier de cave, du cacao et des fruits confiturés, fondus, moelleux. De l'autre plus de rondeur et d'acuité à la fois, des fruits que l'on imagine plus rouges et plus friands, une douceur gourmande qui enrobe, enveloppe, habille la muqueuse buccale, stimule la salivation, explose sur les papilles… Bien entendu, cette démarcation est sans cesse chevauchée, transgressée, remise en cause : un anglais exubérant, un portugais presque sévère. Jusqu'à ce Noval 67 : *in extremis*, David Cobbold est venu me recommander à l'oreille de l'ajouter à ma liste. Il est d'une couleur sombre, presque noire, avec un nez qui soudain me rappelle les amandes grillées de tout à l'heure, avec en bouche un fruit ample, enveloppant, fondu, et une finale de cuir chaud. Celui-là, comme deux ou trois autres auparavant, il me sera impossible de ne pas l'avaler, et je serai incapable de ne pas revenir vers lui.

Des vins plus jeunes maintenant : les 85 ont des tanins parfois encore agressifs ou mal dégrossis, mais aussi du fruit rouge et charnu.

Les 94 sont parfois encore fermés, surtout les anglais, avec de l'astringence et des tanins présents, mais fins et soyeux. Le dégustateur d'occasion que je suis commence à faiblir. Une sorte de vertige me saisit, qui doit moins à l'alcool qu'à l'intensité et à la complexité des saveurs et des arômes rencontrés. Dans mes notes, se bousculent les descripteurs et les métaphores : il est question de fraise, de cerise noire et de noyau, de pruneau et d'abricot sec, de cacao et de chocolat, de café grillé, de cuir, de tabac blond mais aussi de suie et de goudron, de cigare et de viande, d'écorce d'orange, de thé et de rose...

Je n'en suis pas encore aux cinquante vins que je m'étais autorisés mais il est temps de mettre un point final. La messe est dite. Je quitte la salle et rejoins le buffet qui attend les participants. David poursuit son marathon au même rythme, alternativement penché sur son verre et sur ses notes, indifférent aux mouvements divers qui s'esquissent autour de lui à mesure que des dégustateurs de plus en plus nombreux se lèvent, à la fois concentré et comme rêveur. Après une pause, il reprendra sa tâche jusqu'à quatre ou cinq heures de l'après-midi. Puis, se levant, il annoncera avec le ton du devoir accompli : « *maintenant, je crois que je commence à me faire une petite idée...* ».

Je suis bien un amateur au pays des hommes de métier. Mes métaphores religieuses et liturgiques ne sont que des métaphores. Eux vivent l'événement comme ce qu'il est aussi : *business as usual*. Une tâche, sans doute plaisante ou même enthousiasmante, mais une tâche, à accomplir rigoureusement et méthodiquement. Nos hôtes, sincèrement amicaux et chaleureux, font aussi un travail – de promotion, de relations publiques, de commerce. Les pros sont leurs partenaires ; les autres seraient-ils leurs obligés ? Il faut, pour ne pas être dupe, mettre un peu de distance dans le vin de mon amateurisme.

X

ALBION-SUR-DOURO : LES ANGLAIS DE PORTO

Si vous êtes anglophile, à plus forte raison anglomane, allez donc à Porto : les Britanniques de la *Factory* vous raviront. Flanelle et cachemire, costumes de Savile Row, inflexions parfaitement maîtrisées du *proper English* des meilleures *public schools*, humour bien dosé, une touche d'excentricité pour relever opportunément les bonnes manières, taches de rousseur et teints purpurins : tout est conforme.

Johnny Graham est un pur produit de cette colonie britannique. Il a quelque chose d'un Roger Moore qui n'aurait pas encore épaissi et s'habille avec la décontraction bien tempérée de ceux qui ont porté jadis l'uniforme d'Eton (aujourd'hui, col ouvert et pantalon kaki). Va-t-il enfourcher son cheval pour entamer un match de polo ? Non : s'il n'est pas libre pour la soirée, c'est qu'il doit assister au dîner de son club de cricket. Né à Porto, il parle portugais très couramment mais avec un accent bien discernable. Son histoire est une saga familiale de la BBC : son père a dû vendre jadis Graham's, la marque familiale, au clan des « Syms », les Symington, la dynastie qui a réussi à annexer à son fief quelques-unes des plus belles et plus anciennes marques de Porto. Vingt ans après, Johnny Graham et son épouse, Caroline Churchill, ont créé de toutes pièces une petite maison indépendante. Mais les Symington leur ont envoyé du papier bleu pour leur interdire de la nommer Graham : elle s'appelle donc Churchill-Graham.

Alistair Robertson pourrait être un Johnny Graham avec quelques années de plus, un teint plus épanoui et la pochette assortie. C'est l'un des personnages clés de la Colonie : il préside aux destinées de Taylor, l'une des maisons les plus prestigieuses et les plus anciennes. La tradition tient que Job Bearsley, le fondateur, s'est établi à la fin du XVIIe siècle et la maison vient de célébrer son troisième centenaire. Pour Alistair Robertson, les Symington sont encore des nouveaux venus à Porto : le fondateur n'est arrivé d'Écosse qu'en 1882…

Insularité britannique

À Porto, il y a donc des siècles que quelques dizaines de familles britanniques vivent dans de belles maisons sur les hauteurs de la ville. Les hommes travaillent dans les *lodges* des firmes, à Vila Nova de Gaia, de l'autre côté du Douro. Les femmes s'occupent de décoration, d'antiquités et de jardinage. Les enfants vont à l'école anglaise et, à l'âge de neuf ans, ils partent en pension dans les meilleures *public schools* du royaume. Le week-end, on joue au tennis et surtout au cricket. Le dimanche on va à l'église anglicane, puis les Robertson promènent leurs Dalmatiens. Cette formule de James Symington est un *understatement* caractérisé : « notre *way of life* est en grande partie britannique ».

Depuis des siècles, les Britanniques ont continué à être britanniques, à parler le *Queen's English*, à vendre leur vin en Grande-Bretagne et dans le monde entier. Il y a là un mystère : comment, pourquoi, ce groupe a-t-il gardé à ce point son identité – son *insularité* – à travers l'Histoire, alors que les autres commerçants d'Europe du Nord établis à Porto, aussi nombreux ou presque, depuis aussi longtemps ou presque, allemands comme les Burmester, néerlandais comme les Van Zeller ou les Niepoort, sont devenus, eux, portugais[1] ?

L'Histoire apporte quelques éléments de réponse : l'ancienneté des relations anglo-portugaises a favorisé, bien sûr, l'ancrage de cette communauté. Mais entre le pays d'accueil et les marchands britanniques, il y eut des tensions permanentes. Or les Anglais ont toujours tant bien que mal serré les rangs, faisant primer l'intérêt commun sur les rivalités internes. Leur solidarité a été comme structurée et cimentée par la relation indissociable et conflictuelle qui les unissait et les opposait, eux les *shippers* anglais de Porto, aux vignerons portugais du Douro.

Ancienne alliance

Le voyageur observateur notera ceci dès l'arrivée : à Porto, les cabines téléphoniques, comme les boîtes aux lettres, sont rouges et d'allure irrésistiblement britannique. Une réminiscence qui n'est probablement pas fortuite : il

1. Certains ont gardé ou repris la nationalité d'origine de leur famille. Mais tous sont de langue et de culture portugaises – et polyglottes.

y a peu encore, la compagnie du téléphone était anglo-portugaise. La présence des Anglais au Portugal remonte véritablement à la nuit des temps et leur intérêt pour le vin portugais aussi. Aux XIVe et XVe siècles déjà, des marchands anglais importaient du drap et des tissus à Lisbonne et Oporto (le nom portugais de la ville) ; ils exportaient en échange des fruits, du sucre, du sel, de la cire, du liège, du miel, des épices et, bien entendu, du vin, alors connu sous le nom de *Red Portugal*. Au XVIIe siècle, c'est la morue de Terre-Neuve qui commença à servir de monnaie d'échange contre le vin. Le *bacalau* imprègne toujours de ses puissants effluves les rues des villes et les Portugais se flattent de le préparer de mille et une façons différentes. Le vin partait vers Terre-Neuve et, de là, jusqu'en Angleterre, où l'on avait découvert, si l'on en croit la chronique, que ce périple le bonifiait. Les marchands anglais étaient alors installés surtout à Viana do Castelo, où les navires britanniques qui commerçaient avec les colonies américaines faisaient escale. On troqua donc aussi le vin contre des esclaves : des visiteurs londoniens, au XVIIIe siècle, rapportent que les serviteurs des Anglais étaient souvent des Noirs américains.

Vers la fin du XVIIe siècle, le centre du négoce anglais (et écossais) se déplace de Viana vers Oporto. À la faveur d'une succession de traités entre le Portugal et l'Angleterre, le commerce prend de l'ampleur et la prospérité s'installe. La colonie d'Oporto s'organise, s'institutionnalise autour d'une *factory* (factorerie), bref : elle devient un véritable comptoir britannique.

Tensions et persécutions

La cohésion de cette communauté a donc été favorisée par l'ancienneté de l'alliance anglo-portugaise. Mais cette alliance n'a pas été sans nuages et, en fait, les antagonismes et les épreuves que la colonie dut affronter ont beaucoup contribué à renforcer à la fois son repli sur elle-même et sa cohésion.

Il y eut d'abord les persécutions religieuses. En 1703, le jeune Thomas Woodmass arrive au Portugal. Il rencontre ses compatriotes de Viana et de Porto (et notamment Job Bearsley, le fondateur de Taylor). Dans ses lettres à son père, il s'attriste de la mort d'un apprenti, que l'on a « enterré dans le sable à marée basse » : les cimetières locaux étaient interdits aux hérétiques protestants et on leur refusait le droit d'avoir le leur. Les marchands britanniques furent longtemps enterrés à la sauvette, souvent au bord des rivières ou de l'Océan et nulle stèle ne marque leur tombe.

Il y eut très vite des tensions économiques. Les Anglais suscitèrent bientôt, au Portugal, de l'hostilité, précisément parce qu'ils contrôlaient l'essentiel du commerce et bénéficiaient d'accords économiques très favorables. Les *shippers*, ont « fait » le marché et donc, du même coup, ouvert des débouchés aux vignerons du Douro ; mais les paysans portugais se trouvèrent dans une situation de dépendance qui suscita des tensions parfois violentes, chaque bord soupçonnant ou accusant l'autre de pratiques répréhensibles. Ainsi en 1727, les *shippers* forment une association destinée à réglementer ou organiser le monopole croissant des Britanniques sur le commerce du vin et surtout à forcer les producteurs à « tenir » leurs prix.

Ces tensions économiques prennent une dimension politique. En 1755, une lettre ouverte des *shippers* aux producteurs les accusant de fraude sur le vin et de gonfler outrageusement les prix suscite une réplique historique : le marquis de Pombal, Premier ministre, soutient les producteurs et crée la Compagnie générale des vins du Haut-Douro, qui place la vente des vins du Douro sous le contrôle du gouvernement. Les Anglais doivent désormais acheter leur vin à la Compagnie, au prix fixé par elle, et non plus aux producteurs. Théoriquement, il s'agit d'assurer la répression des fraudes et de garantir la qualité : seul le vin accepté par les dégustateurs de la compagnie est autorisé à l'exportation. En réalité, il s'agit surtout de briser le monopole des firmes britanniques.

Mais les négociants survivent tant bien que mal aux assauts de Pombal. Peu à peu, la Compagnie devient moins sourcilleuse, la corruption permettant d'huiler les rouages. Surtout, le marché britannique ne fait que prospérer. À la fin du XVIIIe siècle, le porto est devenu davantage qu'une boisson : un rituel, et ce rituel est absolument indispensable aux classes supérieures britanniques. Les débouchés sont donc assurés pour les firmes de Porto et le *life style* britannique en terre portugaise atteint bientôt son apogée, que symbolise la construction d'une somptueuse *Factory House* en 1786.

Nationalisme et anglophobie

Au XIXe siècle, le nationalisme portugais est de plus en plus ouvertement anglophobe. Le Portugal a, dans ce siècle, une histoire très mouvementée : brève occupation française à Porto en 1809, vite interrompue par Wellington, insurrections, guerres, révolutions. Celle de 1820, notamment, prend directement à partie l'influence britannique dans l'armée, où servent des officiers anglais, et dans le gouvernement portugais. Devant toutes ces vicissitudes, conformément aux stéréotypes, les Anglais restent flegmatiques. Ils continuent imperturbablement à acheter et vendre leur vin, à vivre leur vie de soirées et de bals, de cricket et de villégiature à Foz. En 1832-1833, ce calme est un peu troublé tout de même : une guerre connue sous le nom de « guerre des deux frères » a éclaté ; l'un des deux frères, Dom Miguel, occupe le Haut-Douro et assiège Porto, empêchant tout accès à la zone de production et menaçant les entrepôts. L'Angleterre soutient la partie adverse et les Anglais de Porto forment une brigade de volontaires pour aider à la défense de la cité.

L'anglophobie nationaliste voit volontiers dans les négociants de Porto l'incarnation de l'oppression. Ainsi, dans les années 1880, Ramalho Ortigão, grand anglophobe, décrit ainsi l'arrivée de l'acheteur anglais dans le vignoble du Douro :

« Vêtu d'une culotte de cheval en peau de chamois, le chapeau sur les yeux, les jambes largement écartées, cinglant les vignes de votre cravache, vous interrogez négligemment, tout en recrachant à l'horizontale les peaux des raisins que vous daignez goûter. Quelle production ? Combien la *pipa* ? Vous prenez des notes dans votre carnet ; vous allez de *quinta* en *quinta*, congédiant le paysan d'un geste bref du gant ou de la cravache. Deux ou trois jours plus tard vous revenez, pour fixer le prix et conclure l'affaire. La transaction est menée dans le portugais qui est le vôtre, parsemé de tournures plébéiennes apprises auprès des bateliers de Massarellos et des magasiniers de Vila Nova de Gaia. » Et Ortigão de conclure par cette éructation exaspérée : « Ce pauvre paysan du Douro que vous exploitez si lucrativement et que vous traitez avec le même dédain qu'un chien est un être humain d'une race incomparablement plus belle, plus intelligente et plus noble que la vôtre… »

La classe des shippers

La solidarité de la colonie britannique était une solidarité d'intérêt et de classe autant que nationale. Les rares personnages qui se montrèrent trop compréhensifs à l'égard des producteurs soulevèrent la réprobation de leurs pairs. Un personnage, à cet égard, est caractéristique : le baron Joseph James Forrester.

Arrivé à l'âge de vingt-deux ans à Porto en 1831, il apprend très vite, mieux que la plupart de ses compatriotes, le portugais. Il se passionne pour la vigne et le Douro, qu'il explore dans ses moindres recoins. Forrester manie le pinceau avec talent : il a laissé de nombreux paysages, a portraituré tout ce que la région comptait de notables et de personnalités et a dressé la carte la plus complète de la vallée du Douro. En 1844, il publie anonymement un pamphlet contre ses pairs les *shippers*. Il y réitère contre eux les accusations de fraude que se jetaient déjà à la tête les deux parties un siècle auparavant et qui avaient servi de justification aux mesures de Pombal et à la création de la Compagnie générale : le vin, écrit-il, est « trafiqué » par les négociants. Ils y ajoutent de la baie de sureau pour la couleur, trop d'alcool, pour produire un vin trop noir, trop fort, trop sucré, qui dénature ce que, selon lui, devrait être le Porto : un vin « pur » et « naturel », peu ou pas muté. Forrester regrette la dissolution récente de la Compagnie Générale des Vins du Haut-Douro. Sa popularité devient immense dans le Douro et auprès des Portugais, qui le feront baron. Ses pairs les marchands d'Oporto le vouent aux gémonies mais, l'orage passé, le reconnaissent à nouveau comme l'un des leurs. Solidarité à la fois de classe et de culture : aujourd'hui encore, les « Syms » et les Taylor échangent des vacheries, les Graham et les « Syms » du papier bleu, mais on s'arrête toujours avant l'irréparable.

À partir de l'installation du chemin de fer, les communications avec la vallée du Douro deviennent plus faciles. Les *shippers* commencent à acheter des *quintas* et donc à devenir vignerons eux-mêmes. Le négoce se rapprochant de plus en plus de la production, les vieux antagonismes tendront peu à peu à s'apaiser ou à s'atténuer.

Les Britanniques garderont la haute main sur le porto au moins jusqu'à l'après-guerre, grâce à leurs talents de commerçants et de *marketers* avant la lettre. Comme le dit James

Symington, ce qui a permis aux meilleurs de subsister (et surtout de rester indépendants), c'est la compréhension précoce qu'ils ont eue des phénomènes de marché : l'importance des marques (*brand development*), la capacité presque instantanée de prendre en compte les désirs des consommateurs et les opportunités nouvelles, comme aujourd'hui l'engouement soudain des Américains pour les *vintages*. De nos jours, il ne subsiste à Porto que trois firmes britanniques indépendantes : les Symington (qui ont racheté à Pernod-Ricard les parts que le groupe français détenait dans leur affaire familiale), Taylor et le petit Churchill-Graham. Tous les autres sont maintenant dans le giron de grands groupes de taille internationale. Pour l'instant, la Colonie reste, au moins en apparence, aussi homogène que jadis. L'avenir dira si cet îlot britannique subsistera ou s'il n'est déjà plus qu'un résidu folklorique grignoté par les multinationales et la mondialisation des marchés.

La flûte, la coupe, la bulle et les arômes

Flûte ou coupe ? Ce douloureux dilemme a divisé des générations de buveurs de champagne. Les esthètes ne jurent que par la poésie de la coupe. Les sensuels lui reprochent de laisser échapper à tous les vents la divine bulle. Les puristes tolèrent la flûte, mais préfèrent le verre-tulipe. Quant aux Champenois eux-mêmes, ils se servent de leur propre modèle.

Par fidélité au vin, renoncerai-je aux coupes de cristal façon Bohême rehaussées de dorure à l'or fin léguées à ma belle-mère en 1951 par sa tante Adélaïde ? M'équiperai-je en échange d'un verre spécial dernier cri, fin de pied et de cristal, à peine ventru et d'ouverture optimale pour exalter bulles et arômes ? Personnellement, je serais prêt à ce sacrifice. Mais souvenons-nous avant d'investir que le champagne se partage : parmi les convives, il y aura probablement toujours un esthète qui n'aime que les coupes, un sensuel qui ne jouit que des flûtes ou un snob qui préfère le modèle concurrent...

XI

CHAMPAGNE : L'INVENTION DE LA TRADITION

La tradition est d'autant plus éternelle qu'elle est d'invention récente[1]. C'est particulièrement vrai pour le champagne et superlativement vrai pour les cuvées spéciales. Les historiens, depuis longtemps, nous l'ont enseigné : ce qui, dans nos têtes, est censé avoir toujours existé n'a bien souvent que quelques générations d'ancienneté. Ainsi les costumes régionaux et une bonne partie du folklore, en France, datent tout au plus du XVIIIe siècle ; la cuisine italienne est inimaginable sans la tomate : mais cette plante américaine ne s'est vraiment implantée dans le bassin méditerranéen qu'à la fin du XVIIIe siècle ou même au début du XIXe. Laissons donc Dom Pérignon reposer un instant en paix et interrogeons-nous sur les origines

1. J'emprunte la formule au grand historien britannique Eric Hobsbawm (*The Invention of Tradition*).

réelles des cuvées spéciales. On découvre ceci : la cuvée spéciale ou de prestige est, pour l'essentiel, une invention récente, un produit de l'après-guerre et tout particulièrement de la prospérité des années soixante. Elle est le fruit nécessaire et paradoxal d'un processus de fond : la démocratisation, et surtout la démocratisation française, du champagne.

Les (heureux) détenteurs des cuvées de prestige les plus anciennes, en particulier Rœderer et son Cristal ont une version des événements que j'appellerai « légitimiste » : en l'occurrence, c'est le tsar de toutes les Russies Alexandre II qui aurait en somme « anobli » la grande maison champenoise en présidant à la naissance de Cristal, en 1876. Une antériorité considérable, puisque Moët, pour sa part, revendique une date bien plus récente pour la naissance de son Dom Pérignon (1935, commercialisé pour la première fois en 1936). Pour relativiser allègrement cette vérité « archéo-légitimiste » (ce qui ne retire rien au mérite considérable de Cristal), il suffit de nous transporter un instant aux XVIIIe et XIXe siècles. À l'époque, le champagne est un produit qui est au vin ce que le sur-mesure façon Savile Row serait à la confection version Puces de St Ouen. Si

Cristal prend naissance et se pérennise à la cour de Russie, c'est simplement que l'aristocratie russe, comme la plupart des clients de marque des maisons de champagne de l'époque, commande son vin à sa guise, à son goût et à ses armes : étiquette spéciale, flacon particulier (en l'occurrence transparent), caisses marquées au sceau du destinataire exclusif. La bouteille claire, les mentions diverses et surtout le dosage [1] en font donc une boisson unique, définie par l'impérial client. Une boisson fort douce, en l'occurrence : on la dose, raconte-t-on aujourd'hui chez Rœderer avec quelque amusement rétrospectif, au goût du client, c'est-à-dire à 80 g par litre (contre 3 aujourd'hui) : le Coca-Cola n'est guère plus sucré… Le Cristal Rœderer d'aujourd'hui est donc, il faut en convenir, plutôt une re-création que la poursuite imperturbable d'une tradition immuable, que le goût contemporain supporterait d'ailleurs plutôt mal.

Le champagne de cette époque est donc produit et livré en grande partie « à la demande », à la fantaisie du (grand) client, qui n'est pas encore un « consommateur », puisque

1. Dosage : addition de sirop de sucre (ou « liqueur d'expédition ») au champagne avant rebouchage final.

le vin de Champagne n'est pas un produit de consommation au sens où nous l'entendons aujourd'hui. Les deux tiers ou les trois quarts de la production s'exportent, en particulier en Russie, mais aussi dans les autres cours, dans les milieux aristocratiques internationaux, chez les riches et les puissants du monde occidental.

Deuxième (chronologiquement) et inévitable grand nom dans les cuvées spéciales « légitimistes » : Dom Pérignon. L'histoire est plus récente, mais liée elle aussi à des bouleversements historiques, politiques et économiques. Dans les années vingt et trente, survient une crise historique dans le champagne. Après le phylloxéra, après la Première Guerre mondiale qui a décimé la main-d'œuvre et dévasté les vignes, avant l'instauration des appellations contrôlées (1927), des produits de qualité pour le moins douteuse ont été vendus sous l'étiquette champagne. À cela s'ajoute une crise tragique des débouchés : la Russie s'est soviétisée et l'Amérique « prohibitisée ». Tous les marchés sont de plus en plus touchés par la Grande Crise. Le groupement des grandes marques de l'époque en est réduit à écouler ses stocks sur le marché français, allant jusqu'à lancer une « journée nationale du champagne ».

En 1932, par exemple, comme pour une grande cause nationale, on sollicite les Français, dans un élan quasi patriotique : « buvez du champagne », les supplie-t-on, quitte à leur offrir des réductions de 40 %.

Devant le désastre, les grandes marques se sont concertées. Lawrence Venn, un de leurs conseillers les plus écoutés, proche de l'aristocratie britannique, a formulé une recommandation : remédier à la dépréciation du champagne et à la crise de confiance en créant de nouvelles marques, correspondant à des produits de très haute qualité. On l'écoute d'une oreille distraite ou hostile, à l'exception d'un seul : Robert-Jean de Voguë, leader charismatique de Moët. La cuvée Dom Pérignon est née. À la fin de la prohibition, une grande soif se manifeste aux États-Unis ; les marchés britannique, belge sortent de leur torpeur. Mais ce n'est qu'après la Seconde Guerre mondiale que le champagne s'éveillera, se démocratisera, entraînant dans un second temps la multiplication des cuvées de prestige.

Un ordre de grandeur : le marché mondial est passé de 50 millions de bouteilles en 1950 à 250 millions en 1990. Les trente glorieuses sont passées par là : le marché français, jadis moins important, est devenu central. Le « brut sans année » est désormais de toutes les grandes occasions familiales et officielles. Les grands groupes internationaux commencent à s'intéresser aux maisons de champagne. Certaines passent sous leur contrôle et, dans celles-là au moins, « marketing » cesse peu à peu d'être considéré comme un vocable obscène. Mais dans toutes les maisons, graduellement, la même nécessité économique exerce ses effets : il faut diversifier les qualités offertes. En jargon de marketing : une *segmentation* du marché se dessine et s'impose d'elle-même. Alors que, jadis, c'étaient les vins millésimés qui jouaient le rôle central, qui constituaient le socle marmoréen sur lequel se fondait le champagne, c'est de plus en plus sur le « brut sans année », seul moyen de concilier quantité et qualité, régularité et identité, que va s'appuyer l'édifice. Une maison s'affirme par son style, et le style est en somme cristallisé, incarné, dans le « brut sans année ».

Avec l'avènement de la société de consommation, le champagne, bon gré mal gré, devient un produit de consommation : il doit de plus en plus compter avec la révolution de la distribution, les grandes surfaces, les impératifs du marketing et de la publicité. Les maisons de champagne doivent se rendre à l'évidence : leurs noms sont devenus des marques au plein sens du terme. Le style et la marque doivent se répondre, se compléter, se signifier réciproquement.

Mais tous les consommateurs ne peuvent se contenter du même produit de consommation, aussi noble soit-il : les cuvées de prestige, peu à peu, deviennent la marche supérieure du piédestal, celle que se réservent les couches les plus élitaires de la clientèle, les plus éclairées ou les plus fortunées.

On a connu un processus analogue, quoique nettement plus accentué, dans l'univers du whisky et, dans une certaine mesure, dans celui du cognac. Comme le champagne, le whisky s'est considérablement démocratisé, particulièrement en France, où sa consommation était pratiquement inexistante avant les films d'Eddie Constantine-Lemmy Caution et la vogue du roman noir américain dans les années cinquante. Or à partir des années soixante-dix et surtout quatre-vingt, la « segmentation » s'est accélérée à un rythme de Luna Park : du « blended » de 12 ans d'âge on est passé en un rien de temps au 18 ou même au 24 ans, puis au « pure malt », enfin au « single malt ». Le cognac a connu un processus un peu analogue

(VSOP, XO, flacons cristal ultra-spéciaux, etc.), à cette différence que son expansion s'est produite sur des marchés lointains, en particulier extrême-orientaux, et non sur le territoire national où, au contraire, il stagnait de plus en plus.

Le whisky a cherché à se segmenter en produits de plus en plus « distinctifs », en procédant selon une logique de dépouillement successif, en « pelure d'oignon » : d'un produit assemblé, d'abord de plus en plus élaboré (par le vieillissement), on est passé à un produit de plus en plus dépouillé, de plus en plus épuré et faisant appel à la notion d'origine et même de terroir.

Les champenois, par tempérament ou par raison, ne se sont pas lancés dans une aussi folle fuite en avant. Mais peu à peu, l'un après l'autre, avec plus ou moins d'enthousiasme et de résolution, ils ont produit leur cuvée spéciale, leur « haut de gamme ». Même si le phénomène obéissait à une logique économique voisine de celle du whisky, le registre, le style champenois imposaient une rhétorique toute différente. Chez Veuve Clicquot, on résume le dilemme dans une formule qui retint longtemps la maison de passer à l'acte (il fallut attendre 1972 pour voir naître la « Grande Dame ») : « Puisque l'on fait déjà le meilleur produit, comment faire mieux ? » Comment, en d'autres termes, ne pas dévaloriser le noble vin en proposant un vin superlativement noble ? Une voie naturelle s'offrait spontanément, et c'est celle que chacun ou presque choisit : la légitimité de l'éternité, de la tradition, de l'antériorité. La preuve par le temps. Il fallait faire appel aux pères fondateurs ou, en quelques occurrences, aux mères fondatrices. Dom Pérignon, père fondateur par excellence, avait été « préempté » par Moët qui, d'ailleurs, pour des raisons historiques, avait continué de traiter sa cuvée suprême comme une marque distincte. Il restait, pour chaque maison, à renouer avec un ou des grands ancêtres, réels ou (parfois) imaginaires, de préférence évocateurs mais le plus souvent bien mystérieux pour le profane : « La Grande Dame » chez Veuve Clicquot, la « Cuvée Louise Pommery », Dom Ruinart, René Lalou (Mumm), ici « Le Fondateur » (Trouillard), là « Les Fondateurs » (Barancourt). On pouvait également s'inscrire dans une lignée aristocratique, comme les « Comtes de Champagne » de Taittinger, ou – légitimité ultime – royale (Charles VII de Canard Duchêne), avec même une tendance bonapartiste (Réserve de l'Empereur de Mercier). Dans sa volonté de légitimité historique, on pourrait s'aventurer à dire que le champagne connaît surtout trois époques : la Haute, la Grande et la Belle… La Haute : l'âge des cathédrales évoqué par « Comtes de Champagne » ou encore « Charles VII », sans parler de « Sourire de Reims » (Abelé). La Grande, je veux dire l'âge classique, Versailles, le Roi Soleil, autant dire « Grand Siècle » (Laurent Perrier). Enfin les bulles légères du Paris de la Belle Époque, mis en bouteilles Gallé par Perrier-Jouët, tout de frivolité, de gaieté, vaudevillesque et proustien à la fois.

Le nom n'est pas tout : en matière de symbolique, le flacon n'est nullement étranger à l'ivresse, comme un dicton mal venu voudrait nous le faire croire. Si le nom des cuvées invoque les racines monarchiques, aristocratiques, dynastiques, le flaconnage évoque pour sa part un passé un peu vague et composite. La bouteille de Dom Pérignon est en partie napoléonienne ; celle de Comtes de Champagne évoque celles que les moines réalisaient à la fin du XVIIe. Dans la plupart des cas, on a pioché dans les réserves et les archives pour recréer des flacons proprement néo-archaïques. Rares sont les maisons qui recourent à la modernité pure, sinon Taittinger qui, seul ou presque (en tout cas en Champagne), cherche à apporter un supplément de prestige par le recours à l'art moderne, signifiant sans doute ainsi que son champagne de prestige devient, davantage que le produit d'une tradition artisanale, une œuvre artistique à part entière.

Toutes les maisons, à la vérité, ne se lancent pas avec un égal enthousiasme dans le jeu des cuvées de prestige. Il y a celles qui subissent les mésaventures de ce que les hommes de marketing nomment « la cannibalisation des marques ». Mumm a du mal, semble-t-il, à se dépêtrer de son Cordon Rouge, dont la notoriété est telle qu'elle étouffe la marque proprement dite : les consommateurs ont peut-être un peu de difficulté à s'orienter dans les (divers) produits de prestige. Dom Pérignon, qui passe pour l'archétype de la cuvée spéciale, est pourtant en fait, on l'a vu, pour des raisons historiques et délibérées, traité et perçu comme une marque à part. Ailleurs, on cultive une fierté sourcilleuse de producteur, arc-bouté sur une conception-maison de la qualité et une réticence à céder à ce que l'on perçoit comme des facilités de marketing : Ghislain de Montgolfier, chez Bollinger, insiste sur le fait que, quelle que soit l'exceptionnelle qualité de son RD (Récemment Dégorgé), la véritable cuvée spéciale, c'est, tout simplement, le millésimé « Grande Année ». D'ailleurs le brut sans année de la maison ne s'appelle-t-il pas lui-même « Spécial Cuvée » ?

En Champagne, cuvées et flacons, vins et bulles, sont des concentrés d'imaginaire. Dans l'élaboration du vin de champagne, le temps est tout. Et pourtant, en un sens, il ne fait ici rien à l'affaire : les cuvées spéciales ne sont éternelles que depuis avant-hier ? Elles n'ont encore vécu que l'équivalent d'un battement de cil à l'échelle de l'histoire ? Qu'importe, puisque c'est malgré tout du temps, de l'histoire et de divines bulles que nous buvons avec elles.

Le vin-santé et le vin-plaisir

Aux États-Unis, pour la première fois, les restaurants ont servi dans l'année autant de vin rouge que de blanc. Les années précédentes, le blanc dominait à 80 %. Qu'est-ce qui a pu retourner ainsi les papilles américaines ? Une simple émission de télévision : en France, y a-t-on annoncé, on meurt trois fois moins du cœur que là-bas, alors que la table est le sport national. Explication (hypothétique) de ce scandale : notre vin rouge nous protégerait...

Pour les Américains, la santé se mérite par l'effort et une alimentation « correcte ». Pour les Français, elle est plutôt une bénédiction qui autorise les élus à jouir de l'existence ; le vin n'est pas une potion mais un plaisir. Ici, on boit à la santé des autres, là-bas on boit pour la sienne...

XII

LE PARADOXE FRANÇAIS OU L'EXCEPTION CULINAIRE

Où placer notre chauvinisme aujourd'hui ? Pas dans les médailles olympiques ; guère dans la culture, encerclée, tel Astérix, par les légions hollywoodiennes. Reste la table, notre ultime fierté. C'est chez nous, nous sommes prêts à l'admettre modestement, qu'on mange le mieux ; or c'est aussi chez nous qu'on meurt le moins du cœur. La France est, de tous les pays développés à l'exception du Japon, celui où l'on meurt le moins de maladies coronariennes.

Pour les Anglo-Saxons, les Scandinaves, les cardiologues et les épidémiologistes, cela s'appelle un paradoxe : le paradoxe français. Nous mangeons autant de graisses que les Américains, les Britanniques et les Européens du Nord, nous avons un taux de cholestérol sanguin comparable au leur et pourtant notre mortalité coronarienne est presque trois fois moindre que la leur : 112,4 pour 100 000 par an en France contre plus de 300 aux États-Unis.

Sur le plan médiatique, l'affaire a éclaté en 1990. Cette année-là, la revue *In Health* publie dans son numéro de mai-juin un article intitulé (en français dans le texte) *Le Paradoxe français,* dans lequel l'auteur, Edward Dolnick, envoyé spécialement en France pour résoudre l'énigme, va d'étonnement en indignation : dans un déjeuner avec un chercheur français, il note avec un brin de raideur que le saumon à l'oseille de son interlocuteur « *a plus de beurre pour s'ébattre dans l'assiette qu'il a jamais eu d'eau de son vivant* ». Et un autre chercheur, le docteur Serge Renaud de l'INSERM, lui assène le coup de grâce : l'Américain sait-il où, en France, on trouve le taux le plus bas de maladies coronariennes [1] ? Dans le Sud-Ouest, le pays de la graisse d'oie, du cassoulet et du foie gras ! C'en est trop : les statistiques françaises sont probablement biaisées. Nullement, répondent les savants, elles sont au-dessus de tout éloge. Si, toutes choses égales par ailleurs, un Français a deux fois moins de risques d'avoir une crise

1. Serge Renaud publiera plus tard *Le Régime Santé*, Paris, Éditions Odile Jacob, 1995,

cardiaque qu'un Américain, trois fois moins qu'un Écossais, c'est donc sans doute que quelque chose dans l'alimentation des Français les protège. Serait-ce le vin, qu'ils consomment régulièrement au cours de leurs repas, en particulier le vin rouge ?

C'est la question que pose, à la suite de l'article, l'émission de télévision *Sixty Minutes*, une institution de la télévision américaine, en révélant le « scandale » de la (relative) immunité française. Le *French Paradox* est lancé. En quelques jours, les ventes de vin français (rouge) explosent. Les polémiques scientifiques aussi, ainsi que les ouvrages sur la question.

Depuis longtemps, des études de plus en plus nombreuses indiquent que les buveurs modérés (environ deux verres par jour) ont un risque statistique diminué en matière cardiaque : ils ont une mortalité précoce inférieure à celle des abstinents complets. Les hypothèses tendant à expliquer l'effet protecteur du vin fleurissent, avec l'appui de tous les producteurs du monde développé, de la Californie à l'Italie et à l'Espagne, en passant bien entendu par la France. Un chercheur de Cornell University pense que l'explication se trouve dans le resveratrol, un pesticide naturel que l'on trouve notamment dans la peau du raisin et qui semblerait faire baisser le taux de cholestérol dans le sang. D'autres substances présentes dans le vin et ses tanins paraissent bénéfiques. Malheureusement, rien ne prouve clairement que le vin, rouge ou non, soit plus efficace qu'une autre boisson alcoolisée : les buveurs modérés de bière, de saké ou d'autres alcools semblent profiter du même avantage que les œnophiles et le resveratrol n'y est pour rien.

Mais Serge Renaud a d'autres hypothèses à proposer : la graisse d'oie ou de canard, fait-il valoir, a une composition qui la rapproche davantage de l'huile d'olive, de plus en plus tenue comme la « bonne graisse » par excellence, que des autres (« mauvaises ») graisses saturées. Mais personne, à ma connaissance, n'est capable de dire exactement combien de graisse de palmipèdes les habitants de Toulouse consomment encore vraiment, et il paraît difficile de croire que le foie gras, même dégusté plus souvent qu'ailleurs, joue un rôle décisif dans l'équilibre nutritionnel des Gascons. Le fromage, suggère encore Renaud, pourrait bien avoir des vertus particulières, ignorées des Anglo-Saxons. Bref, le paradoxe français s'avance, plein de bonnes intentions, à la rescousse des exportations de nos gastronomies ancestrales.

Après *Sixty Minutes*, Serge Renaud est attaqué sans le moindre humour par des « durs » de la nutrition américaine. Les Français, dit l'un d'eux, ne mangent gras que depuis peu et ne perdent rien pour attendre. Duel à coups de statistiques : pourtant, en matière de consommation alimentaire, elles sont encore moins fiables, encore plus approximatives, encore plus délicates à interpréter que dans les autres domaines. Qu'importe : le débat a pris une dimension à la fois économique et idéologique ; il faut faire arme de tout bois.

Les enjeux économiques sont en effet considérables. Il ne s'agit pas seulement de vendre aux Américains du foie gras, du confit, du fromage. Il s'agit aussi de redresser à leurs yeux et à ceux des mangeurs des pays riches l'image de la cuisine française, encore trop associée aux sauces grasses et aux pompes d'antan.

Il s'agit aussi et surtout de rattraper le train de la *Mediterranean diet*. Ce modèle alimentaire a été « inventé » par des nutritionnistes américains dans les années cinquante, à partir d'enquêtes épidémiologiques qui montraient qu'un régime alimentaire frugal, fondé sur une base de féculents (pain, pâtes, etc.), beaucoup de fruits et de légumes frais, des légumes secs, peu de matières grasses, en particulier d'origine animale, était statistiquement associé à un risque cardio-vasculaire diminué. Depuis quelques années, sa popularité chez les nutritionnistes américains tend à s'étendre au reste de la planète scientifique. Cette *Mediterranean diet* version *Harvard Medical School*, devenue *Dieta Mediterranea* par la grâce exportatrice de l'agro-alimentaire italien, permet à ce dernier de tailler des croupières à la concurrence française sur les marchés internationaux.

Mais derrière l'affaire du paradoxe français, il y a aussi des enjeux moraux et idéologiques. Pour le puritanisme médicalisé du nord de l'Europe et des États-Unis, le régime « méditerranéen » est moralement pur, car fondé sur un idéal de simplicité frugale : c'est la rédemption du pécheur. En revanche, le paradoxe français est un scandale éthique : le péché supposé est récompensé. Il faut donc à tout prix une explication pratique pour déjouer ou résoudre le pernicieux paradoxe.

Dès lors, le débat proprement scientifique est quelque peu obscurci. Considérons les données : les habitants de la Haute Garonne, les mieux lotis sur le plan du risque coronarien, consomment davantage de fruits et légumes frais que les Strasbourgeois et les Lillois (et à plus forte raison que les Écossais, les Irlandais ou les Américains), en bien moins bonne situation cardiologique. Or les vitamines anti-oxydantes que ces aliments contiennent sont de plus en plus considérées par les chercheurs comme le facteur de protection probablement le plus important. Les Gascons boivent un peu plus de vin, mangent plus de pain, moins de graisses saturées (à l'exception, bien sûr, du foie gras), plus de graisses insaturées (huiles végétales). Bref : le Sud-Ouest pratique apparemment depuis longtemps l'alimentation que les nutritionnistes prêchent de plus en plus, que ce soit ou non sous l'étiquette légèrement mythifiée de « régime méditerranéen ».

S'il faut vraiment une explication, ne cherchons pas seulement dans la chimie des aliments. Il y a peut-être aussi la culture culinaire : les rituels de la table, la commensalité, le sens social et collectif que l'on attribue au repas, tout cela contribue aussi à encadrer, à réguler les conduites alimentaires des individus. C'est sans doute aussi pourquoi les Français, non contents de leur avantage en matière coronarienne, sont les plus minces (les Françaises surtout) parmi les habitants des pays développés : gourmands, soit ; gloutons, non.

Mieux vaudrait, cependant, étouffer le cocorico franchouillard, anti-américain et éventuellement xénophobe, qui pourrait monter à nos lèvres cocardières. D'abord parce que les changements qui sont en marche pourraient peut-être remettre en cause notre avantage. Mais surtout parce que toute médaille statistique a son revers : certes, comme les Japonais, les Gascons meurent peu du cœur ; mais comme les Japonais aussi, ils meurent beaucoup d'attaques cérébrales...

Migraines blanches et maux de tête rouges

Le vin blanc est réputé chez nous donner mal à la tête. Pour les Anglais et les Américains, grands buveurs de blanc, c'est le rouge qui est coupable. De chaque côté, l'homme de la rue en donnerait son chef à couper. Mais les chercheurs aussi s'acharnent à fonder leur vérité nationale en science. Des blouses blanches d'outre-Manche ont identifié dans les tanins des rouges quelques molécules responsables des migraines britanniques, tandis que des savants français trouvent dans les blancs la source irréfutable des céphalées françaises.

De Gaulle est censé s'être demandé un jour comment on peut gouverner un pays qui possède quatre cents fromages. Mais avec seulement deux couleurs de vin, on ne parvient même pas à faire l'Europe de la migraine...

XIII

FRENCH PARADOX 1936

Le *French Paradox*, « l'exception française » ne sont pas tout à fait les nouveautés que nous pensons. En 1936, les vins Nicolas publient, illustré par Dufy et préfacé par le Maréchal Pétain en personne, un volume à la gloire du vin et de ses bienfaits, *Mon docteur le vin*. L'auteur du texte, Gaston Derys, légitime son titre par le fait que des préceptes favorables au vin et « vieux comme le monde sont justifiés chaque jour davantage par la Science ». Pour cela, il a compilé des citations et des statistiques, essentiellement médicales, dont beaucoup proviennent de sommités de l'époque.

Cet hommage au vin, rouge surtout, est aussi un hommage à la France. Grâce au vin, ne se distingue-t-elle pas en matière de santé publique, de beauté (masculine et féminine), de gloire sportive, de production scientifique et artistique ? Ce panégyrique vineux et national prend aujourd'hui à nos yeux l'allure d'un recueil de perles médicales. Il a au moins une vertu : nous rappeler l'impérieuse nécessité de considérer avec une certaine distance les allégations scientifiques ou affirmées telles qui nous sont assenées aujourd'hui plus encore qu'hier.

À tout seigneur, tout honneur : le héros de Verdun ouvre le feu et rend hommage au rôle du « pinard » dans la Victoire de 1918 : pour s'en procurer, écrit le Maréchal, « le poilu bravait les périls, défiait les obus, narguait les gendarmes. Le ravitaillement en vin prenait, à ses yeux, une importance presque égale à celle du ravitaillement en munitions ». Hommage du chef à une certaine indiscipline ? Les munitions solides, heureusement, n'ont pas été complètement négligées et le vin a « largement concouru, à sa manière, à la Victoire ».

Les qualités de la race

Mais clamer la grandeur de la France est affaire trop sérieuse pour être confiée aux seuls militaires. Henri Babinski, l'un des plus grands noms de l'histoire de la neurologie, est convoqué pour apporter sa caution scientifique :

« L'usage prolongé du vin a certainement contribué à la formation et au développement des qualités fondamentales de la race : cordialité, franchise, gaieté, qui la différencient si profondément des peuples buveurs de bière. » Ainsi, si l'on est ce que l'on mange, on est aussi ce que l'on boit. Et Raymond Poincaré en personne affirme la supériorité du vin, « essence de joie et de santé, extrait d'humeur gauloise, reflet du doux pays de France ».

Le sort promis aux buveurs de bière et davantage encore aux tempérants est proprement pitoyable. Les Américains en particulier sont (déjà) volontiers objets de commisération. La prohibition, selon le professeur Cambiaire, les a fait tomber dans la drogue : « Privés de vin, les Américains ont cherché dans l'opium un produit de remplacement. Une enquête de la Société des Nations a établi que les États-Unis sont les plus grands consommateurs d'opium dans le monde. » Le docteur Dougnac, auteur d'une thèse sur le vin abondamment citée, professe une opinion identique à propos de... la Chine : « Les Chinois s'intoxiquent avec l'opium depuis qu'ils ne peuvent plus boire de vin. » Le déclin des Américains est déjà attesté, aux yeux du professeur Cambiaire, par celui de leurs sportifs : « Dans les sports et depuis la prohibition, les Américains ont rétrogradé. Ils ont notamment perdu leur supériorité dans les championnats mondiaux de boxe et n'ont pu conserver le championnat de course à pied que sur les courtes distances. »

L'eau et le vin

Si le vin fait du bien, c'est que l'eau fait du mal : en cela, le propos poursuit le discours médical et populaire des siècles précédents. Le vin tue les germes, protège des maladies infectieuses : « Buvez du chablis avec vos huîtres, vous n'aurez jamais la typhoïde. » Un tiers de vin dans votre eau, et le vibrion cholérique est liquidé. Si la colibacillose urinaire est plus fréquente chez la femme, c'est parce qu'elle boit généralement moins de vin. « Buveur d'eau, sujet à appendicite » : le phylloxéra serait responsable d'une augmentation du nombre des appendicites. Quant à l'obésité, on ne s'étonnera pas qu'elle frappe surtout les buveurs d'eau : le docteur Dougnac explique que « les glandes, sécrétrices d'hormones destructrices des déchets feront mieux leur besogne excitées par le vin :

elles se défendront plus activement contre les auto-intoxications génératrices de migraine, d'eczéma, de goutte, d'obésité ». L'alcoolisme mondain lui-même, découvre-t-on, n'est rien d'autre que « l'intoxication sournoise, par les cocktails et autres poisons, qui s'empare de certaines femmes bien élevées, buveuses d'eau par snobisme ». En fait, l'alcoolisme frappe tout le monde sauf les buveurs de vin, boisson dont l'éthanol réussit mystérieusement à disparaître : « Les buveurs de vin ne sont pas des buveurs d'alcool. Dans les pays vinicoles, on trouve très peu d'alcooliques. »

La voix de la science confirme d'autres grandes vérités : « c'est en France, en Espagne et en Italie, pays de vin, que se rencontrent les femmes les plus belles et les plus gracieuses ». La littérature vient à la rescousse pour appuyer ce point de vue, en la personne d'Henry Bordeaux le bien nommé : plus besoin, selon lui, de rouge à lèvres ou à joues : le vin rend tout fard inutile. Les statistiques sont mises à contribution pour montrer que ce sont les départements vinicoles qui font le plus de beaux hommes, puisqu'ils comptent davantage de jeunes gens « bons pour le service » que les autres (Dougnac). Surtout, grâce au vin bien sûr, leurs habitants vivent nettement plus vieux.

Vin-aliment et vin-médicament

Le vin nourrit. Avec ses 850 calories, un litre de vin à dix degrés fournit « le tiers environ de ce qu'il faut à l'homme pour maintenir l'équilibre de ses forces et de sa santé » et « une valeur alimentaire égale à : une livre de pain, 600 grammes de lait, une livre de viande, un kilo de pommes de terre ». C'est pourquoi, conclut le docteur Landouzy, doyen de la faculté de Paris, « L'homme des villes et des campagnes peut et doit, pour son plus grand profit, comme pour la richesse du pays, boire en sa journée, en mangeant, son litre de vin naturel ». Le vin est riche aussi en micro-nutriments (vitamines, notamment C et B, et minéraux) comme l'ont montré « les savants travaux du docteur Portier ». Le lecteur contemporain sera peut-être surpris d'apprendre que c'est en outre « un remarquable aliment radioactif » et que ce caractère est positif : c'est que « le raisin emmagasine les radiations solaires [et non celles de Tchernobyl] et pompe dans le sol des éléments minéraux ».

Les enfants y trouveront donc leur compte, ne serait-ce que grâce au phosphore assimilable qu'il contient, selon le professeur Lorenzini, de l'université de Milan. « Indispensable » aux écrivains et aux sportifs, il n'est que « nécessaire » aux artistes, sans doute suffisamment convaincus de ses vertus.

Le vin n'est pas qu'un aliment : il est aussi un remède. Selon Fernand Widal, de l'Institut, le vin est « tonique pour les muscles et stimulant pour l'esprit », ce qui explique sans doute que, comme les grands sportifs, les prix Nobel viennent, paraît-il, surtout des pays de vin (pas de doute, donc : les États-Unis d'aujourd'hui doivent être devenus un pays de vin). Blanc, il est un « diurétique puissant ». Il soigne, selon le docteur Gahlinger, les infections urinaires féminines, évitant parfois des interventions chirurgicales telles que l'ablation d'un rein. Mais s'il est un peu l'ancêtre des antibiotiques, il est aussi une sorte de proto-Prozac : c'est, dit Dougnac, le « remède héroïque » de la dépression : un neurasthénique américain a été guéri par le Saint-Émilion et on le conseille pour toutes les « affections nerveuses sans substratum organique », telles la nostalgie, l'hypocondrie, ainsi que chez les anémiques et les chlorotiques. Il est en outre indiqué comme tonique dans le régime des diabétiques et dans celui des convalescents...

Aujourd'hui, sur la foi d'une prolifération d'études épidémiologiques et des corrélations qu'elles cherchent à mettre en évidence, on entend de plus en plus souvent clamer que le vin protège des maladies coronariennes, de l'athérome et même de la maladie d'Alzheimer. Exercice salutaire : s'efforcer d'imaginer ce qu'on dira peut-être de certaines de ces affirmations dans quelques décennies...

SOURCES

« Comment passer pour un vrai connaisseur... », *Cuisine gourmande*, février 1995, nº 13, p. 67.

« La foire au pinard », *Cuisine gourmande*, mars 1995, nº 14, p. 57.

« Le sexe et les papilles », *Cuisine gourmande*, avril 1995, nº 15, p. 55.

« L'ivresse et le flacon », *Cuisine gourmande*, juin 1995, nº 17, p. 73.

« Vin chauvin », *Cuisine gourmande*, août 1995, nº 19, p. 67.

« Fêtes qui déjantent... », *Cuisine gourmande*, décembre 1995, nº 23, p. 75.

« Faut-il croire aux noms à terroir ? », *Cuisine gourmande*, février 1996, nº 25, p. 55.

« Merci à l'œnologie », *Cuisine gourmande*, mars 1996, nº 26, p. 61.

« Migraines blanches... », *Cuisine gourmande*, avril 1996, nº 27, p. 49.

« Vin santé et vin plaisir », *Cuisine gourmande*, juin 1996, nº 29, p. 65.

« Le paradoxe français ou l'exception culinaire », *L'Événement du jeudi*, 24 mars 1994, nº 490, p. 68-70.

« Les balises de l'imaginaire », *L'Amateur de bordeaux*, décembre 1993, p. 68-71.

« Bordeaux : le nom, la marque, le blason », *L'Amateur de bordeaux*, hors série.
« Bordeaux et ses marques », juin 1994, p. 6-8.
« Champagne : l'invention de la tradition », *L'Amateur de bordeaux*, hors série.
« Champagnes d'exception », décembre 1994, p. 26-31.
« Eaux miraculeuses », *L'Amateur de bordeaux*, hors série « Eau », juin 1995, p. 78-83.
« De la couleur des papillons en général... », *L'Amateur de bordeaux*, n° 50, mars 1996, p. 114-119.
« Journal de Gruaud-Larose », *L'Amateur de bordeaux*, n° 53, décembre 1996, p. 30-35.
« Sacré sucré », *L'Amateur de bordeaux*, n° 53, décembre 1996, p. 46-47.
« Le vin et le temps », *L'Amateur de bordeaux*, Cahiers 1997, p. 80-85.
« Albion-sur-Douro », *L'Amateur de bordeaux*, hors série « Porto. Des vins d'exception », mai 1998, p. 80-85.
« Scandale à Giscours ou l'anatomie d'une bulle médiatique », *L'Amateur de bordeaux*, n° 60, octobre 1998, p. 20-30.
« French Paradox 1936 », *L'Amateur de bordeaux*, n° 63, 1999, p. 86-90.

TABLE

CET OUVRAGE A ÉTÉ TRANSCODÉ
ET ACHEVÉ D'IMPRIMER SUR ROTO-PAGE
PAR L'IMPRIMERIE FLOCH À MAYENNE
EN NOVEMBRE 1999

N° d'impression : 46348.
N° d'édition : 7381-0751-X.
Dépôt légal : novembre 1999.

Imprimé en France